not only passion

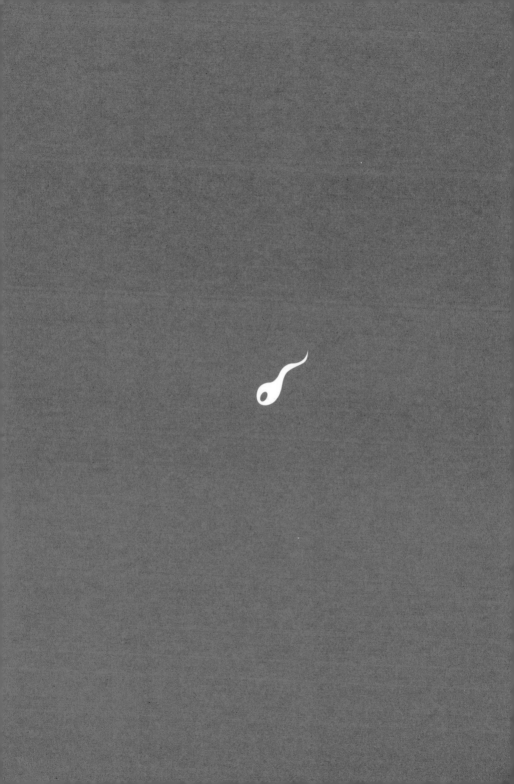

not only passion

一九一二年國民政府首批公費留學生出國前在上海合影
前排左起：二、譚熙鴻，五、劉鞠可，七、張競生
後排右起：三、宋子文，四、蕭友梅，九、楊杏佛

美的書店（葉卓俠攝於一九二八年）

一九二二年四月十九日，美國節育專家山格夫人（Margaret Sanger）應邀到北京大學演講，胡適（左）擔任翻譯，張競生（右）陪同，中為山格夫人。

張競生（右）與友人葉卓俠合影（一九二八年在上海）

一九四六年，張競生於金邊塔子山留影。

一九四六年，張競生與友人及家人在金邊合影。

（圖片來源：周彥文）

dala sex 005

張競生

性史

1926

dala sex 005

編著：張競生
責任編輯：呂靜芬
校對：黃健和、郭上嘉
企宣：吳幸雯
美術設計：楊啓巽工作室
法律顧問：全理法律事務所董安丹律師
出版：大辣出版股份有限公司
台北市105南京東路四段25號11樓
www.dalapub.com
Tel: (02)2718-2698 Fax: (02)2514-8670
service@dalapub.com
發行：大塊文化出版股份有限公司
台北市105南京東路四段25號11樓
www.locuspublishing.com
Tel:(02)87123898 Fax:(02)87123897
讀者服務專線：0800-006689
郵撥帳號：18955675
戶名：大塊文化出版股份有限公司
locus@locuspublishing.com
台灣地區總經銷：大和書報圖書股份有限公司
地址：242台北縣新莊市五工五路2號
Tel:(02)8990-2588（代表號）Fax:(02)2290-1658
製版：瑞豐製版印刷股份有限公司
初版一刷：2005年五月
定價：新台幣280元

Printed in Taiwan
ISBN：986-81177-0-4

尋找性史1926

大辣出版總編輯黃健和

二○○三，大辣成立。

因爲市場定位區隔，因爲創辦者的個人喜好，大辣決定只專心做兩類型的書——SEX & COMIC。

成立之初，辦公室裡堆滿了各類性書，有些是長輩們的諄諄指導，有些是友人們的熱情推薦，有些是作者們的各色投稿。各國經典性書，浮世繪春宮畫細綁術寫眞集……整屋子春色盎然。

綠色封面的《性史》影印本，不起眼地置於其中。

二○○四，友人傅月庵來訪，閑聊中談起他的青春期與光華商場中《性史》之關聯。約莫同時，一位長輩送來了日本於一九九九年出版的《性史》。

決定再重新好好看一遍這本七、八十年前的性書。

靜靜地讀著，那略帶文言的字句，帶人回到五四年代，看著看著竟也燥熱了起來。查著張競生的來歷，原來是性出版的老前輩，幾十年前，他便已做了我們現在做的事。而連日本都已出版，台灣卻仍無

個正式的繁體版本，這似乎太說不過去了。好！決定出這本書！

張競生於一九七〇年過逝，但著作權仍應歸屬於他的家人。但這本在大陸被查禁多年的書，還到那兒去找其後人呢？

當年九月北京書展，遇見上海學者江曉原，聽其訴說他所研究的張競生。拜訪了幾位曾與張競生有所接觸的文人，陸續尋找種種線索。是的，張競生有後人，名爲張超，但已移民加拿大……

資料讀得越多，越對張競生充滿興趣，我們彷彿追隨著其足跡前進。而版權洽談有如大海撈針，但似乎有看到了些方向：請大陸友人代爲尋找連絡。

二〇〇五，大陸友人來電，找到張超了，他從加拿大又搬到香港，常進出廣州……。約了幾回，修改了各自有意見的合約，他那兒還留有早年出版的《性史》第一集文稿……

終於，這本書談定了版權，決定將第二集的內容亦擺進此書，並將書名定爲《性史1926》。

風停。雨靜。一切聲音都淡了下來。

彷若回到一九二六年的北京大學講堂，張競生的足音從走廊的那頭傳來；長衫是一派五四文人的儒雅，面孔些許模糊但有著留法學人的從容。

於是，這堂空白了八十年的《性史》即將開講……

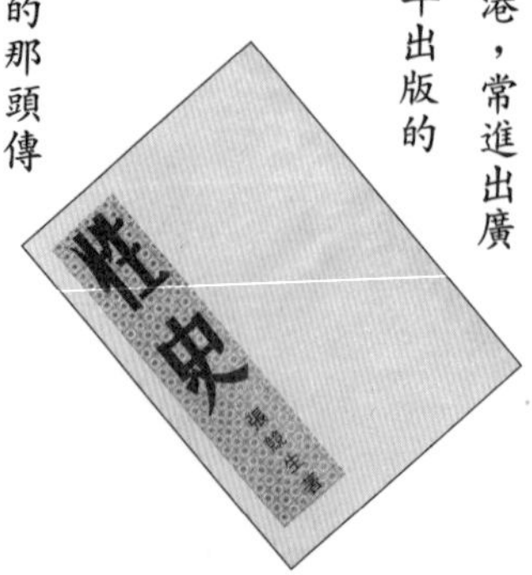

目錄

性史1926

張競生其人其事

江曉原

一、從留法哲學博士到北大教授

在二十世紀初期，張競生算得上中國學術界一個非常活躍的人物。

張競生一八八八年出生於廣東饒平。十九歲考入黃埔陸軍小學，在那裡選修了法文，伏下了他後來留學法國的因緣。在這裡他還認識了孫中山。後來他去上海震旦學校就讀，旋又考入法文高等學校及京師大學堂。據說他在京師大學堂的藏書樓裡發現了德國人施特拉茨的《世界各民族女性人體》一書，這是通過收集整理世界各民族典型女性人體照片和資料，來確定不同人種、不同民族女性人體特徵的人類學著作。他反覆閱讀此書，這又伏下了他日後研究性學的因緣——最終他卻為此而弄得身敗名裂。人世間的禍福，實在是倚伏無定的。

一九一一年辛亥革命爆發，張競生二十三歲。南北和議時，他曾是孫中山指派的民國代表團的秘書。有人認為他可以算「國民黨元老、中華民國開國元勳之一」，可能稍有誇張，但他確實認識不少國民黨的元老人物。比如，一九一〇年汪精衛謀炸清攝政王載灃，事泄被捕，據說爲汪精衛探監報信的就是張競生。

不過張競生對於政治沒有什麼興趣，和議後他表示要出洋求學，得到孫中山嘉許。一九一二年十月，張競生與宋子文、楊杏佛等人以官費生出洋。張競生到法國，先入巴黎大學哲學系，一九一六年獲學士學位；又入里昂大學哲學系，一九一九年以《關於盧梭古代教育起源理論之探討》爲題通過論文答辯，獲哲學博士學位。留法期間，他也熱心於社會活動，曾與汪精衛、蔡元培、吳玉章、李石曾等人發起組織「法華教育會」，對其後的留法勤工儉學運動以及中法文化交流都曾起過積極作用。

張競生在法國接受了大量西方學術和思想，腦子裡放滿了社會學、性學、優生優育之類的學問，心中則是改造中國、建設中國的宏願。一九二〇年他自法歸來，先是受聘爲在潮州的廣東省立金山中學校長，在任上他推行一些改革，如招收女生、提倡游泳之類。如果說這些改革是那時新潮人物行事中應有的風格，那麼他上任伊始就向軍閥陳炯明上書建議推行「節制生育」——當然不被理睬，未免顯得太不合時宜，太書生氣十足了。他後來的不幸遭遇，似乎也可以從這件事上看出一點端倪。

張競生任金山中學校長不到一年，就出了風波，一個學生在他所提倡的游泳中不愼溺死，再說他那套西化的教育改革也被認爲「不合國情」，於是去職。那時蔡元培正在北京大學推行「兼容並包」的治校方針，遂聘任他爲北京大學哲學教授。張競生來到當時中國新文化運動的中心，這是一片新的廣闊天地，他正好大大施展一番平生抱負。

二、在北京大學

當時的北京大學無疑是中國最活躍的學術中心，中外學術文化的交流十分頻繁。張競生一到北大，就和胡適一同接待了當時歐美生育節制運動及性教育運動的領袖人物山格夫人（Margaret Sanger）之訪華。此事似乎兆示著張競生在北大的學術活動自始至終仍是與性學結著不解之緣。不久又曾積極組織邀請愛因斯坦來北大訪問，但愛因斯坦中途變卦，未能成行。

張競生早在二十世紀二〇年代就大力倡導節制生育——也就是今日的計畫生育，堪稱先知先覺，但因「不合國情」而大受抨擊。不過他在北大講授西方現代愛情、生育、性育以及有關的社會學說，倒是頗受胡適、魯迅、周作人等新文化人物的稱讚。張競生將這些學說統稱之爲「美的學說」。一九二五年他出版了《美的人生觀》和《美的社會組織法》兩書，提倡「性格剛毅、志願宏大、智慧靈敏、心境愉快的人生觀」；主張學習美國的經濟組織法和日本的軍國民組織法，認爲這樣可以使中國「臻於富裕之境」，「進爲強盛之邦」。《美的人生觀》出版後，周作人在文章中稱讚作者極有「天才」。張競生還組建了「審美學社」，提倡美育。接著又組建了「性育社」，這被認爲是中國最早提倡性教育的組織。

張競生又在《晨報副刊》上發表他的「愛情的四項定則」：

一、愛情是有條件的。

二、愛情是可比較的。

三、愛情是可以變遷的。

四、夫妻爲朋友之一種。

這樣的觀點，即使放到今天來看，也不能不說是相當激進的。當時有許多人士參與了對此「四項定則」的討論，其中包括魯迅、許廣平等人。觀點當然不盡一致。但是能夠公開討論愛情是何物，在當時也不失爲非常解放之舉了。

那時的北京大學，彌漫著濃厚的自由化氣氛，學術研究很少禁區。比如說民間的色情歌謠，就在學者們的研究之列，並且向社會各界廣泛徵集，一九二二年又開始發行《歌謠》周刊，其徵集條例中說：「歌謠性質並無限制，即語涉迷信或猥褻者亦有研究之價值。」周作人等人對此事非常熱心。而張競生擔任「北京大學風俗調查委員會」主任委員，受此自由研究氛圍之影響，認爲性以及與性有關的風俗等，當然也在應該研究之列，於是在一九二六年五月以性育社的名義出版了《性史》（性育叢書第一集）。卻沒料到小小一冊書，竟引發了一場軒然大波，他本人由此成了中國二十世紀文化史上的有名人物，也爲此付出了身敗名裂的慘重代價。

三、《性史》風波

《性史》第一集，初版印刷一千冊。書中收集的是張競生通過在北京報紙上刊登廣告徵集來的稿件中的幾篇，如小江平（金滿成）《初次的性交》、一舸女士（即張競生當時的夫人褚問鵑）《我的性經歷》等文。前面有張競生所作之序，每篇文章之後還有張競生所加的按語。張競生在按語中發表了不少直白坦蕩的議論，諸如每月夫妻之間性交幾次才合適、妻子面對丈夫的調情求愛應該如何既羞澀又大膽之類。這些議論多是從他本人的道德標準、審美情趣和生活經驗出發的，略舉一段爲例：

> 譬如有夫對妻說：「我看今夜你怎樣對付我呢！」女子此時不免臉一紅，但此時女子應當向其丈夫熱熱濕濕地親一深吻，並應說：「恐怕你連戰皆敗啊！」此時情況何等美麗，周圍空氣又何等熱烈；若女子面一紅就走避了，則變成何等寂寞無聊了。故只知羞澀而不敢大膽，與只知大膽而毫無羞澀的女子同樣欠缺自然的美感。

《性史》出版後僅四個月，便先在天津遭禁。起因是南開學校校長張伯苓致函警察廳，稱南開附近的書店出售《性史》、《情書一束》、《女性美》、《夫婦之性的生活》、《渾如篇》等書，「誨淫之書，以此爲最，青年閱之，爲害之烈，不啻洪水猛獸。」於是警察廳下令將《性史》等書全部沒收，並且「嚴密查察，如有售賣，送案究懲，勿稍姑息，以維風化。」此舉當然遭到南開一些開明師生的強烈不滿，有人投書報刊，指責「入了張伯苓的南開，就好似入了始皇帝的秦國，教你怎樣你就得怎樣。……隨便草上一封信，而全天津的人便不能再看《渾如篇》、《性史》等書。」周作人在《語絲》的「南開與淫書」一文中發表了投書，並表示了他本人對於此事的態度。周作人說他已經看過《性史》等書，「覺得並沒有什麼，……不覺得這些書的爲害甚於洪水猛獸。」又說：

我並不因爲認識張競生、章衣萍諸君而想替他們辯解，我也不說這些書於科學上或文學上有怎樣大的價值，我也不想拿去給自家的或友人家的子女讀，然而我也不覺得怎麼可怕，自然更沒有「查封」之必要。假如我的子女在看這些書，我恐怕也要干涉，不過我只想替他們指出這些書中的缺點與謬誤，引導他們去讀更精確的關於性知識的書籍。

與周作人當時這樣的持平之論相比，其他一些人後來的態度就要激烈得多了。比如這場風波之後十二年，阿英在抨擊鴛鴦蝴蝶派小說作家王小逸（他的小說中不時有些準色情內容）等人的小說時，就說：「簡言之，可稱爲《新性史》，實由於其對於性行爲的無掩蔽的寫述。」《性史》被視爲色情作品的同義語。再過三年，潘光旦在藹理斯《性心理學》譯序中，將張競生斥爲「一位以『性學家』自居的人，一面發揮他自己的『性的學說』，一面卻利用藹氏做幌子；一面口口聲聲宣傳要翻譯藹氏的六七大本《研究錄》，一面卻在編印不知從何處張羅來的若干個人的性經驗，究屬是否眞實，誰也不得而知。」還說「和這種跡近庸醫的『學者』原是犯不著爭辯的」，但是終究「忍無可忍」云云。

《性史》如何使張競生大被惡名，還可以看張競生後來的自述，他在自傳性質的作品《十年情場》中說：「近來有些人以爲我是巴黎長期的學生，習染了法國的淫風。看《性史》

如豬狗的苟且，盡情地任它發泄出來。又有人疑我是一個『大淫蟲』，荒誕淫逸，《性史》就是現身的說法！」

張競生被此惡名，實在是很大的冤枉。

他在報紙上登廣告徵集性史材料，是和北大風俗調查委員會的教授們事先討論過的。當《性史》第一集出版時，他已經徵集到二百餘篇，原準備繼續出版若干續集。但他一看社會反應不佳，立刻取消了出版計畫，並且通知書店第一集也不可重印。然而他萬萬沒有想到事情已經無法挽回，他已經落入一個百口莫辯的陷阱之中——上海等地一些不法書商發現《性史》第一集非常暢銷，先是大量翻印，接著又盜用張競生之名，連續出版所謂的《性史》續集，據說達十集之多。張競生不得已，訴諸法庭，有一次也曾判不法書商罰款五百元並不准再盜用張競生之名出版，但更多的情況下是無法查出出版者，只能徒喚奈何。張競生又在報紙上刊登啓事，希望澄清事實，結果也收效甚微。世人大多以爲《性史》連同所有的續集都是張競生編印的。

據張競生自述，他印《性史》第一集，得稿費二百元，他都分發給了各個作者，自己未拿一文。書店預支給他的第二集稿費一千元，他通知取消出版計畫時也全數退還了。那時北大的教授收入甚豐，經濟非常寬裕，並不會把這點錢看得多重。然而攻擊他的人卻傳說他編印《性史》賺了幾十萬大洋。

四、來到上海——「美的書店」與「第三種水」

《性史》風波，正是在一九二六至一九二七年之際。那時北大教授每任教四、五年後照例可請假出洋遊學一兩年（薪水照發），張競生已符此例，遂請假南下。到上海時，恰逢張作霖攻入北京，派劉哲為北大校長，蔡元培去職，蔡元培在北大的舊制多被更張。據張競生自述，他為此決定脫離北大，就在上海與友人合資開辦了「美的書店」。也有人認為他是因為《性史》風波鬧得聲名狼藉，在北大存身不住才去上海的。

當時的書店往往編輯、出版、銷售集於一身，「美的書店」也是如此。張競生與友人集資兩千元，在上海福州路五百號開張。出資最多的友人謝蘊如就任總經理，張競生自任總編輯，另外請了幾位臨時編輯。開張之後，生意興隆，張競生他們所編的各種書籍經常很快銷售一空。

「美的書店」編印的書籍主要有三類：

一是《性育小叢書》，這是從藹理斯著作中所論各種性問題編譯而成，通常每個專題約一兩萬字。叢書採用平裝本，封面上都印有從巴黎公開出版物上取來的藝術裸體女像——這在當時是非常新鮮大膽的。又因叢書定價低廉，因而購者踴躍，非常暢銷。

二是普通文藝類書籍，包括美學、宗教、藝術等。

三是浪漫派文藝和文藝叢書，如《盧梭懺悔錄》、《茶花女》之類。

在此期間，張競生又創辦《新文化》月刊社，社址在今上海淡水路復興中路口豐裕裡九四號。《新文化》創刊於一九二七年一月一日，封面上標舉「中國最有新思想的月刊」，內有「社會建設」、「性育」、「美育」、「文藝雜記」、「批評辯論」、「雜纂」等欄目。創刊宣言中稱：

到如今，我國尚脫不了半文明半野蠻的狀態，尤可惜是連這一半文明尚是舊的、不適用的！故今要以新文化爲標準，對於個人一切事情皆當由頭到底從新做起。……若他是新文化，不管怎樣驚世駭俗，我們當儘量地介紹，並作一些有系統的研究。

創刊號上就展開了「婦女承繼權」問題的討論，當時的知名人士吳稚暉、蔡元培、張繼等人都在《贊成婦女承繼權者簽名書》上簽名。《新文化》月刊的「批評辯論」欄也非常吸引讀者。月刊的印數曾高達兩萬份，成爲當時少見的暢銷雜誌。

「美的書店」之興旺一時，或許還與另一個經營特色有關。那時上海的商店裡都還沒有女店員——「學生意」還一直是男性的職業，但是「美的書店」卻大膽雇用年輕漂亮的女店員。不難設想，這樣一家以編印銷售「性書」爲特色的書店，再加上獨樹一幟的年輕漂亮的女店員，當然是非常轟動的。張競生自己對此也非常得意，他後來回憶說：

這間小小的書店，左近那些大書店如中華、商務等，若是與我們這間「美的書店」的門市一比，還是輸卻一籌。

「美的書店」所編印各書中，在當時最引起爭議的，或許就是張競生那本《第三種水》。所謂「第三種水」，是指在性交過程中女性達到快感高潮時，從陰道中所射出的一種液體。此事中國古代的房中術家早已發現，也已經被現代的醫學觀察所證實。張競生特別標舉「第三種水」，本是強調性交中不僅要讓男子感到快樂，更要讓女子也達到快感高潮。他還相信，出現「第三種水」時受孕而育的孩子可以更加健康。為了達到這種理想境界，張競生又主張採用某些氣功來輔助，如丹田運氣之類。在今天來看，其說當然不無猜測臆想之處，但總體上並非謬誤。

「第三種水」之說當時遭到周作人、潘光旦等人的抨擊。他們認為此說是「不科學」的；又說丹田運氣之類是企圖復興道家的腐朽糟粕。平心而論，到了今天，我們早已不難發現，這些抨擊當然不全正確——有的是因所見不廣，有的有點「上綱上線」。當時張競生自然不服，也寫文反駁，大打了一場筆墨官司。

以前那些將張競生說成「墮落文人」、「無恥文人」的作品和傳說中，經常向人們描繪如下一幕戲劇化的場景：流氓無賴來到「美的書店」向年輕的女店員要「第三種水」。似乎「美的書店」成了一個藏汙納垢的「下三濫」場所。其實這種傳說本身就是偏見的產物——認定去買「性書」的人必然就是流氓無賴。

「美的書店」雖然一度非常興旺，卻是好景不長，只兩年光景就關門歇業了。據張競生自述，是因為書店業同行嫉妒、惡意傾軋的結果。內情究竟如何，尚待進一步考證。

五、婚姻與戀愛觀

張競生十七歲時，曾由父母作主，在家鄉與一比他小兩歲的女子結婚。幾年後張競生在上海念書時這位女子即去世，兩人未有子女。

三十五歲那年張競生與褚問鵑在北京結婚。一年後生一男孩，取名眞兒。但是到上海之後，兩人之間的感情發生裂痕，中間雖曾一度重修舊好，但最終褚問鵑離張出走。於是張競生在《新文化》第二期上刊登了他們離婚的廣告，其中說他們離婚的原因是：「（褚問鵑）受一二CP（即共產黨，註）所包圍與其CP化的情人所引誘，遂也不知不覺從而CP化耳。」張競生又在《新文化》上發表了題爲《恨》之文，斥褚離他出走。然而褚問鵑的友人則在《語絲》一二四期上發表文章反駁張競生，說是因爲「張競生熱衷於跟國家主義派與西山會議派的政客周旋」，才引起褚問鵑的不滿而造成感情破裂的。

對於張競生的《恨》一文，則有周作人大加攻擊。張競生認爲周文完全是「惡罵」，難以容忍，就與周作人大打起筆墨官司，後來發展到意氣用事，張競生甚至攻擊周作人個人的私德，說他娶日本老婆，爲「諂媚倭奴」起見，他在北京住家門前不升中國旗而升日本旗云云——而事實上周作人出任僞職還是好些年之後的事。張競生後來表示：「我往後極知自己那時的錯誤，可說是爲情感燃燒到失卻全部理性的。」至於周作人，與張交惡之後，也就在文集重版時將原先那篇稱讚張競生極有天才的文章抽去了。

張競生在法國留學，深受浪漫主義愛情觀念之影響。他在這方面的言行，確實與當時乃至今天的中國國情大大相悖。在《十年情場》一書中，他記述了多次他在歐洲時與外國女郎的戀愛情事。這只要看看《十年情場》中那些章節標題就可見一斑了，如：「在巴黎惹草拈花」、「留學時代的浪漫史」、「彼此全身都酥軟」、「海濱變成我倆的洞房」、「倫敦的一次奇遇」、「嬌小玲瓏的瑞士女郎」、「我是一隻採花的昆蟲」、「爬上樹上尋歡」等等，不一而足。而他自述編印《性史》的三種動機之一，就是「即主張情人制與性交自由制」。下面這段關於「美的書店」期間的生活自述，更能看出他在這方面的思想傾向：

書店雇員有許多女性，又相當漂亮的，而在社會上，我又以「性博士」著名，那麼，我對於女子必有許多浪漫的故事了。實則，說起來眞奇怪，連我自己在後想起來也覺奇怪，在這個時間一二年之久，我竟「守身如玉」，未曾一次與女性發生肉體關係。這是任何人不肯相信的。可是事實是如此，我爲寫出自己的眞實傳記，有就說有，無的不能揑造爲有呢。

在他看來，這一兩年內「守身如玉」竟是非常奇怪的事情。這也難怪有人會將那些《性史》看作他本人的現身說法了。

六、身後是非誰管得

「美的書店」歇業之後，張競生於一九二九年去杭州講學，結果被浙江警方以所謂「性宣傳罪」驅逐出境。幸得當時的廣東省政府主席陳銘樞（原是他在黃埔陸軍小學時的同學）

的資助，再度赴法國，研究社會學和美學，並擬定了一個頗爲宏大的譯著計畫。張競生抵法後，在巴黎郊外租了一處房屋作爲工作室。卻不料陳銘樞去職，資助不再能夠獲得，譯著計畫無法實施。陳銘樞愧對老友，乃以私款一萬五千元贈張競生，使他仍得以在國外過了幾年安定生活。一九三三年他再回國內，那時主持廣東省政府的陳濟棠也是他的同學，陳濟棠給他一個「實業督辦」的頭銜，委他主編《廣東經濟建設月刊》，並兼廣州《群聲報》編輯。

不過張競生此時似乎已經壯志消歇，逐漸下降爲家鄉一個地區性的人物了。不久他回到饒平，做了一些組織修築公路、開辦苗圃之類的工作。一九三七年抗日戰爭爆發，張競生出任饒平縣民眾抗日委員會副主任。一九四一年他在浮山創辦饒平縣農業職校，推廣農業新技術，還寫了《新食經》、《饑餓的潮州》、《山的面面觀》之類的作品。

一九四九年中華人民共和國成立後，張競生曾任饒平縣生產備荒委員會主任、廣東省林業廳技正、廣東省文史館館員等職。這一段安靜的晚年歲月，頗給人以塵埃落定、洗盡鉛華的感覺。張競生回首往事，董理舊稿新著，爲後人留下了不少作品。他的《十年情場》由新加坡《夜燈報》社出版（大陸有一九八八年昆侖出版社的印本，但書名是《情場十年》），《浮生漫談》由香港三育圖書文藝公司出版，《愛的旋渦》由香港《知識》半月刊社出版。據說他在一九六〇年還完成了哲學著作《系統與規律的異同》、《記憶與意識》。但是他終於未能躲過「文化大革命」這一劫，他被扣上「反動權威」等帽子，遣往饒平縣鄉間勞改。一九七〇年他在「牛棚」夜讀，突發腦溢血，翌日即去世，終年八十二歲。

張競生一生的社會活動，除編印《性史》一事因過於超越國情，在當時產生了消極的社會影響之外，其餘皆爲有益於社會、有功於文化之舉。而對於編印《性史》一事，他事後不久就一再反省思考，在《十年情場》一書中，更是對此深自懺悔！且看下面這段獨白：

我在當時已知《性史》所犯的錯誤了。但因社會上的責罵與禁止，使我無法去糾正我的錯誤。在後我到上海開「美的書店」時儘是介紹藹理斯的學說，至於該書所附的性史與我國人的性史一件不敢介紹。但可恨太晚了，性學淫書被人們混視爲一途了，我雖努力改正我的錯誤，但已來不及了。「性學博士」的花名與「大淫蟲」的咒罵，是無法避免了。時至今日，尚有許多人不諒解。我的自責，我的懺悔，也極少得到人的寬恕了。朋友們，聽它吧！聽它命運的安排吧！我是習哲學的，哲學家應有他的態度：就是對不應得的名譽與譭謗，都不必去關心。但痛自改過與竭力向上，這些是應該的。

張競生幾十年的大惡名，就是因爲一冊小小的《性史》而起。此事的動機本來完全是好的，不妥只是在於施行的方式和時機考慮欠周，使得不法書商有了可乘之機，張競生自己成了他們的犧牲品。

然而社會總是在進步的，人們的觀念也是在不斷開放的，「談性色變」的年代畢竟已經過去。張競生的鄉親們沒有忘記他。一九八四年，當地政府爲他正式恢復了政治名譽。

一九八八年，爲了紀念他的一百歲誕辰，特意召開了「張競生博士學術思想討論會」，頌揚他是一位愛國者和民主主義革命先驅。如今兩卷本的《張競生文集》已經由廣州出版社在一九九八年出版，其中包括了《十年情場》和《性史》第一集。

作者爲上海交通大學教授、科學史系主任、人文學院院長，爲中國天文學與性學專家。原文收錄於江曉原文集《東邊日出西邊雨》一書，二〇〇〇年出版。

註：CP爲Communist Party的簡稱，即共產黨。

一個寒假的最好消遣法

——代「優種社」同人啓事

張競生

陰慘慘的天氣，虎虎虎的北風刮得人心冷膽寒！校課不用上，閒來愈覺得無聊賴。市場戲園跑一遭兒，情緒更紛亂，常常因此觸景而悲傷。青年的悲哀！悲哀的青年如流水，一去不復回！悲哀！無伴侶的悲哀，有伴侶的也不得意而起了悲哀！

勸君莫悲哀，諸君採用下頭的消遣法，即把筆提起來，詳詳細細寫你個人的「性史」，做起了一個有系統的記述，包管你打破個鬱悶的年關。

你竭力記起幾歲時頭一次知道兩性的分別，其時的情況如何？僅僅覺得一個虛泛的念頭，或感到一個需要的安慰？只憑妄想就算了，抑且有種種把戲的接洽？

你幾歲春情發生？精幾時有？月經何時來？初次的情狀如何？之後又怎麼樣？那時對於異性什麼心理？含羞嗎？外拒而內迎嗎？喜歡人談婚姻與交媾的事情嗎？

你曾手淫或別種「自淫」否（如用器具摩擦或以陰陽具摩擦外物）？何時起始？次數幾多？怎麼使你生了這個動作（或聽別人說過，或看書刊起的，或不知不覺中發現，或因生殖器痛癢而按擦等等）？結果於身體發生什麼妨礙：頭痛、眼昏、神惰、意怠、背酸軟、神經刺激、交媾力不振作、陽萎、陰衰，諸如此類，以及記憶力減失，聰明與記力日衰等事，至少有無一件感覺到否？於手淫前後有無愧悔這件東西不應該做麼？

你曾夢遺否？怎樣夢遺法？似與人交，抑無因而至？遺精多少？每月次數多少？有定期否？夢遺與手淫有無關係（如不手淫就不免夢遺，夢遺了就不想手淫，或一經手淫就無夢遺，或手淫後更多夢遺之類）？

你曾與同性（即男和男，女和女）戀愛過否？曾用陰陽具接觸過否？又用什麼方法接觸？或僅看做一種精神的戀愛嗎？你現在對於這個嗜好如何？此外還有別種變態的出精法嗎？如與母雞公狗交，如與……你喜歡用口或用手使對手人的生殖器出精嗎？

你曾嫖妓否？如妳是女人，曾否作過浪漫的性生活？曾受何種生殖器病？治療狀況如何？現在癒否？

你現在娶未？幾歲婚娶？有子女也無？還曾用何種手續避孕否？未婚前及到現在曾否知道些「性教育」？看何種書？有什麼實行？新婚時或與人初次交媾時的情況如何？

你算到今日曾與若干人交媾？無或和誰？請詳細寫出來。你一向的性量大小，興趣厚薄，次數多少，請詳細寫出來。你喜歡那一樣的交媾法？從春宮圖看來，或由自己創造，詳細寫出來。與你交媾的對手人性欲狀況、性好、性量、性趣等，請代為詳細寫出來。

以上所舉不過略示其大概而已，尚望作者把自己的「性史」寫得有色彩，有光芒，有詩家的滋味，有小說一樣的興趣與傳奇一般的動人。但事情當求眞實不可杜撰，因這是科學研究。

至於這個徵求的本意，不是與人開玩笑，也不是使人白獻醜，更不是誨淫與傷什麼風、敗什麼俗。不！不不不！這個徵求有三個大好結果的希望。

第一，「爲學問而學問」，性的學問比什麼學問都重要。這個學問弄好了，人類所得到的利益當然不可勝數。我們這個徵求，即爲供給這個「性學問」的材料，以便達到這個學問的成立。大家對於這個學問的貢獻，都有一份的義務，自然說不著白獻醜、開玩笑那些事了。

第二，我們希望各人的「性史」聚集一塊，使各人一看，當然龍顏不免大驚，或且鳳臉更加大喜，以爲自己改良警策的張本。故我們這樣徵求，不是誨淫，乃是引導人入於「性的正軌」。

第三，各人對性有什麼缺陷處，如心理方面、生理方面或習慣方面的種種變態。我們希望從「心理分析法」的解釋，及衛生學的救治，並及各種「好習慣」的養成，務使失戀者、性病態者、要得一個好伴侶者、對於性不滿足的夫妻者、要避孕者或要生子者，諸種人皆得了一個滿足的效果。這是移風易俗最大的關鍵，與人類得到好行爲最要的方法。

來！來！來！給我們一個詳細而且詳實的性史，我們就給你一個關於你一生性的最幸福的答案。你給我們的材料，我們給你方法兩相益，兩勿相忘！

註一：應徵的發念已在數年前。那時恐怕道學家的勢力太大了，所以待得今日才發表，或者尚不免得開罪許多人。

註二：應徵求者切要寫明男或女、年歲、籍貫、職業、通訊處。姓名眞假聽便，縱寫眞名，我們決定代爲秘密，當用假名傳出。

註三：我們謹問有些人能同我們合譯 Havelock Ellis 所著的《性心理》六大部書否？

暫時通訊處：北京——北京大學收發科，轉張競生

（此文爲一九二六年張競生在《京報副刊》刊登的性史徵文啓事）

性史1926

第一集

序

張競生

我開頭來學金聖嘆批《西廂記》的口氣，說這部《性史》不是淫書，若有人說它是淫書，此人後日定墮拔舌地獄。這部《性史》斷斷不是淫書，斷斷是科學與藝術的書。這個可以用許多事實來證明，豈是淫書？其中所指示的乃一切至美至善的方法！豈有淫書主張壯年男女每星期僅交媾一次就夠了？豈有淫書反對種種不正當的交媾與非法的出精？

倘有人讀後仍說它是淫書，則我再抄聖嘆的話告訴他：「你止爲中間有此一事耳，但細思此事，何日無之？何地無之？不成天地間有此一事便廢卻天地耶？細思此身自何而來，便廢卻此身耶？」假如讀者尚不解悟，硬執它是淫書，那麼，我們最末了唯有取聖嘆的態度，即是對這些人不須「扑」，也不必「教」。我們原來作此書時，就發願不與他們看，他們到底不看了，正中我們的計畫，以便留些冊子給與那些頭腦不冬烘者一讀。

若冬烘先生們氣不過了要用強力禁止它的流通，則我對此種蠢方法不免一喜又一懼，喜的是由他們強壓的手段正使這本書從暗中四方八面去發展，懼的是因爲暗中流通得太利害了，不免有些奸商從中取利，把這本書原意好處改竄做壞的了，而使它最正經的變成爲最淫的了。故我預先聲明：若此書將來變成爲淫書，多因爲一班人不許它公開研究的原故！

這部《性史》不是淫書，乃是科學及藝術的書，凡有眼者只要開眼一見便即了然。這是科學的書，因爲所寫的皆是事實。就事論事，這是自然的事，這尤其是自然的妙事，它所寫的乃許許多多的妙人所做的無數無數的妙事。故我們所賞鑒的就在這些妙事，怎樣而來從何而去，如何發展如何壓迫，什麼是正什麼是奇，何事算乖巧，何件爲笨拙。總之，閱者應當具慧心、張智眼、伸妙手，把這些平常的妙事，再變成爲人間更加美善的妙事。有些整理起來便成爲極有價值的科學材料了，又有些點綴起來就變成最藝術的事了。

事實自事實，它所寫的都是自然的事實，即使所寫的有時不免被人看作淫事，但實際上仍然不是「誨淫」。它所要寫的是事實，事實是如何便寫如何，這才是科學家的態度。例如有人一夜接連交媾五次，他寫出來，乃寫此人於某夜曾做這樣事，並不是請他人去模仿他。事實自事實，一本書寫狂人，不能說他是「誨狂」。心理學的事實，於平常外，另有變態的，變態的心理學仍然是心理學，變態是心理學中最重要的部分。性學的事實，自然也有正態與變態的混雜，而且變態的更爲性學的好材料。

由此說來，在這書中無論所寫的爲正態爲變態，只要它是實在，它便具有科學的價值。它與淫書不同處：淫書是以作者個人虛構的情狀，專門挑動讀者的獸欲爲宗旨；這書乃以科學的方法，從種種實在的方面描寫，以備供給讀者研究的材料。

這不僅是它所描寫的是事實，所以它具有科學的價值。原來這些事如陰陽具，如性的衝動……就是科學的事情。陰陽器官為我人身體上最重要的機關，明白它的構造便明白了人身大部分的生理學。講究它的衛生，是講究一部分極緊要的衛生學；研究它的作用，即得到了人類許多的行為論及優生學。知道了性的衝動是何因由與何結宿，我們就知道了不少的性心理學。由性衝動的結果而得到了男女結合的現象、夫妻的制度、家庭的成立、子女的養育、宗法的建立、經濟的關係，這其中已經包含了不少的社會學了。

由性的愛慕，人間有了崇拜生殖器的宗教；從性的昇華，世上發現了不少表情的藝術。我們若再延長講究下去，尚有許多的學問與性有相關係。性的學問大矣哉！重而且要矣哉！我們所怕的就在這部《性史》中不能充分得到種種的事實。豈有因事實中有些不免為世人所嫌疑為淫的，便去拋棄的道理？

再進一步說，我們不但看性為一種學問，我們尤當看它作一種藝術，把它好的美的方面竭力提倡，把惡的劣的材料立意放棄。到這層上，我們所取的態度與前大異，我們在此不是如科學家一樣說：「一切事的存在皆是好的。」我們所取的是藝術家的態度，對於一切事皆不滿足。不好的固當求好，好了美了，尤當愈求其再好與更美。

比如交媾一事誰人不會，但我們所提倡的乃是科學藝術的交媾法，它比普通的不會涉入於淫而反能得到肉體最大的快樂。又比如男女的交際誰人不能，但照我們的藝術方法做去，則可以得到男女彼此心靈上最協洽與和諧。用藝術的方法做去，男女相與間，自然能於肉欲中得到心靈的愉快，於心靈中又得到了肉體的滿足。男女間能互相裨助，既不損男，又不害女，男女一體，靈肉一致。由此，一方面可以得到性欲的昇華，一方面又得到優生的結果。藝術方法的重要誠如此者，故我於每段之後加上一些「按語」，希望供給讀者些少藝術的方法，以便得到男女間最協洽的效果。

以科學家的態度而言之，於各人性史上所要的是事實，當然無顧忌無避諱，應有盡有，登載出來。可是在「按語」上，我們所要的是一種最美的藝術方法，而希望由此方法，使這個被世人誣衊為猥褻與誤會為神秘的性欲，變成為世間最美妙、最興趣和最神聖的事業。科學與藝術，並進而不悖，使閱者對於今後的性欲，一面得了科學的教訓，而一面又得到了藝術的技能，這就是我們發刊這部《性史》的用意了。

一九二六年四月，北京，張競生編後附記

我的性經歷

◎一舸女士

「晚鏡常開眉曲曲，春裙親繡鳥雙雙。」女兒心事局外人是不能夠知道的。等到「妝倦羞窺鏡……鴛衾自整，怕被侍兒猜」的時代，個中消息更其不容泄漏了。今爲應張先生的徵求起見，特把自己的經歷撮要寫出來。約分三個時期：

一、性竇初開至月經來潮——七歲到十五歲

有一天，我又和牛家的五弟在樓上捏泥人玩耍了，他忽然捏出一個怪東西來，既不像蘿蔔，也不像黃瓜。我問他是什麼，他笑著不答。少時，又捏了一個凹形的泥塊，把兩個放在一起，並且指那個凹形的稱作我，圓錐形說是他。接著把他直刺在我的凹當中去，作出種種衝突抵拒的形勢。我心上發生一種奇異的感想和惱怒，惱他不該把我比作泥塊，還被他的化身所侮弄。問他是那兒學來的惡把戲，他說昨天剛從三哥那裡得到的。我哭著拉他去問三哥。

正鬧間，一陣樓梯響，三姐上來了，瞥見桌上的泥東西，劈手搶來，扔在痰盂裡，紅著臉把我們兩人帶下樓來，囑咐五弟以後不可再淘氣了，快回家去吃飯吧。隨又輕輕向我耳邊說道：「方才的玩意兒，女子是不應當看的，看了就是不可言說的羞恥。今天的事，妳可千萬不要說給別人知道，知道了人家不笑五弟，卻笑妳。」我不服要去問母親，她一把拉住我說：「好妹子，妳須知道我們是女孩子。男孩子們看得說得的，女孩子卻有說不得的看不得的。五弟再來，同他疏遠些就是了。」我不敢再問，只好悶在心上，日久也漸

漸忘卻了。過幾天五弟不來，我心上便覺淡淡然無味已極，雖有不少的女孩和我一同玩耍著。

十一歲上半年，開始過學校生活，那個學校是我母親在裡邊當校長，所以同學們對我都帶著避忌的態度。她們有時睡在一床，見了我，忙忙假裝別的原因，立刻就走開了。後來知道我不是「搬舌鬼」，始稍稍不拿我當奸細。因而聽見妳是我的妻，我是妳的夫等說話，常發生在年長的同學間。

每逢星期六下午，大家湊錢買許多花生五香豆等，放在飯廳桌上，圍著大吃。吃到高興時，搬出婚姻問題作談助。有的說我知道某某的未婚夫，在某處讀書，怎麼高，怎麼矮，怎麼美，怎麼醜，被說者急得要打說的人，結果是互相報復，互相援助，扭作一團方才散席。

最奇怪的例如甲定親在袁家，則與袁同音的字皆須避諱，乙丙故意促狹，把圓的碗問她這東西是方的麼，她若一時脫口犯了諱，必哄堂大笑，說者則羞慚無地，自認爲輸到無可再輸了。記得同學壽貞，她的未婚夫叫作嘉友，於是上國文課讀古文至「嘉祐」二年，壽貞必停口不念，一班中人均聳肩掩口吃吃不已。

十四歲時，我改入江蘇某女校，全班算我最小。那些十四、五歲的同學們，卻已具成人風度。「姑蘇自古多名媛，我見猶憐豈獨卿。」可爲這班嬌滴滴嫩蔥蔥的吳娃們詠了。其時教員以花白鬚的老頭子居多數，偶有一、二人年在三十左右的，也已是千避嫌萬避嫌，上課不敢把頭抬，眼睛視線不敢離開自己的鼻子。然而安坐聽課的女弟子們，卻眾目一致，齊射在老師身上，似乎他有什麼引人注意的地方。明知規則上應該嚴肅，但是不期而然，時時要想笑幾聲的輕笑。彼此偷著看，她又覷覷伊，互相一裂嘴，「咯勒」一聲衝破了全室的尊嚴空氣。只見這邊香肩微顫，那邊蟬鬢輕搖。教員疾忙轉過臉去，向黑板上沙沙地寫字。但從粉筆灰灑滿的馬褂領子的斜面望去，可以看見業經紫漲的脖子，還帶著一對鮮紅的耳朵。

有一次，理科書上有「牝蟲發求牡之鳴聲」一節，學生一齊低了頭。教員忸怩地說道這節刪去，卻碰著一個快口的某君，偏要追問他為什麼要刪去。於是把這位比較年輕的教員弄得大窘，明說不得，暗示不來。幸虧管理員來查堂，大家方寧靜著，敷衍到了下課。那天晚上，我腦筋裡老現著那位教員的窘態，同時起了莫可名狀的不安。第二天算學教員替我演算一道很長的習題，彼此立得很近，不免香澤微聞，我那弱小的心頭，立刻跳了幾跳。晚上發夢甚亂，似乎被一個男子擁抱著，我掙扎不脫，遂大叫而醒。

同學裡面，有很多人一對對地配了「好朋友」，行也雙雙，坐也兩兩，我我卿卿大有一刻不見如三秋兮之慨。我其時還是黃毛丫頭，不解修飾，雖無他們那樣的福分，卻與兩三個年長些的外縣人締了君子交。也有互相談心和研究學問的時候，卻不學他們輕薄的樣子，一時號我等為「品」字聖人。提起那些好朋友，有名蝴蝶派者，眞是活膩！

比我們低一班中，有三個很標緻的小學生，一個輕如飛燕淡似西施的，與我們班出名的「獅子頭」某甲，結了同性愛。某乙則占據豐若有餘柔若無骨的佳人。最出色而年紀最少的，則被某某兩人包圍了。我們與她們的寢室只隔一號，晚上打了睡覺鈴，學監點過名以後，乃紛紛併床，三對鴛鴦各不相混地鑽進了她們的繡被去了。

有一晚九點半鐘，學監還沒來，照例過了十點，就不再來了。然而大家爲準備萬一起見，預先把各人的鞋放在床面前，舖開被蓋，把枕頭塞在當中，像一個人睡在裡面的樣子，再放帳子，叮囑連床的人，倘學監來點名時，替她答應。於是帳中人遂遠尋配偶去了。少時學監果然上來，但見帳幅垂垂，人聲悄悄，按名呼喚，其應如響，放心而去。去遠，我等始大笑。有淘氣者特地爬起來，學她顢頇的狀態，維妙維肖，眾又大笑。我那時身體很矮小，性器官尚未發達，有時看見它們的床，動搖的特別利害，也莫明此中的奧妙。

一日某某的好朋友，忽然刺破指尖，大寫其血書，還要自殺。全校驚駭不知其故，再三打聽，才知道因爲對手方又新交了一位好朋友，妒情激惱，竟至厭世。我既憐其痴，復憐其愚，糾合許多人勸解了半天，她的醋意才平靜了些。而那個情敵則也羞慚，而與其新朋友表示了絕交。但是那位薄倖人，竟沒有看血書的面上，而恢復了舊愛，一場悲劇，就是這樣以不了了之了。

十五歲春，月經始來，見男子漸覺害臊，想躲避又想接近。親戚中有一位少年長得十分好看，風神濯濯，明媚之態，使人魂蕩。然到了我家坐一會就走了，我雖悵惘萬分，但這位自以為貌美的少年人，恐怕未必曉得有一個很小的小妹妹在那裡愛慕著他呢。

十七歲後，說親的人漸多，而我面子上假裝害羞，心裡卻十分得意。在那個時期，親友中有少年男子到我家來，我不期然而然地把眼光注意著他下身的部分，雖然是衣服遮沒著。

二、處女期終——十五歲至二十一歲

十六歲的暑假，回到家裡，除吃西瓜以外，照例舖著一條篾蓆，在廊上乘涼風，一手執蒲扇，一手拿閒書消遣長晝。當槐蔭匝地，蟬噪柳林的時候，薰風夾著花香，吹得人意倦神慵。

全家正在午睡，我卻偷翻開一部《聊齋志異》。看到「五通神」一段，原文現已不能記憶，似乎是「抱婦登床如舉嬰兒衣帶自解……深加惋惜不盡其器」。覺得心頭火熱，萬分難過，趕緊跳起來散散步，看看花，再也排遣不開，仍忘不了剛才的印象。那麼怎麼好呢？自己急了跑到東，東亦是那個印象在追逐妳；跑到西，西也是那個印象在譏笑妳。連忙拿出《明儒學案》來看，平靜了一會兒，忽然又熾熱起來。正當無可如何的時候，母親醒了，叫我們去吃西瓜，說笑間，總算勉強把這關打過。

晚上睡下去，也和平時一樣，並無異兆。豈知半夜醒來，再也睡不著，難過的哭不得，笑不得，把平日所承受的師言文訓，一古腦兒丟得不知去向，但覺日間所看的《聊齋》

上說的那故事占據了我意識的全部。迷迷糊糊我的手竟不受我腦府的命令，在難過的地方工作起來。只覺得身飄搖，眼朦朧，魂靈兒飛上半天了！霎時精出神疲，酣然睡去。

次日起身，恍惚想到昨夜所作的勾當，羞愧到無地自容，似乎牆壁等等掛出鄙視的面孔，在那兒恥笑我。及至見到母親和姐姐等，更其不敢抬起頭來，母親只當我身子不好，叫我休息休息。母親的慈愛是十分可感的，不過，我那裡敢說是自作自受呢？推原禍始，總是《聊齋》作怪，於是把它束置高閣，發誓不看。

三、性事紀實——二十一歲以後

二十一歲的暑假，我在羞恥和欣慰兩重交戰的心理狀態下面，居然作新嫁娘了！辛苦一天，第一夜倒還睡得規矩。第二夜他眞不客氣，悄悄爬到我這頭來，把我抱得幾乎氣塞，不知不覺而親了一個長吻，兩顆心跳躍得十分利害。正當陶醉，他已騰身而上，我竭力撐拒，不令近身，爭持半天，終被他壓服。初次性事，但覺疼痛很劇烈不舒服，別無樂處可言。一個月後始略略知道些趣味，覺手淫遠不及此快樂，故以後即在獨宿期間，也不肯再犯了。

生產過後，性欲亢進，初滿一百天，已覺十分需要。於是我第一次作了主動，故將性機關運動如意，不如先前一味聽男子的自動。迨幾度縱送已經排泄了很多的液沫來了，渾身發熱，呼吸急促，一陣痲醉，覺得有一股熱的液質從子宮口躍出陰道直澆在他的生殖器上。泄畢，十分疲倦，想要睡去，而他還在抽動。我覺得十分不舒服，但是只好由他快快的出了精，然後好讓我靜靜地休息一回了。這是我可紀念的第一次「出精」——現在還沒有相當的名詞，只好沿用。聽說有些男子，絕對不承認女子亦有出精的事情，因他所遇的對手，是不會出精的女子。

據我知道，有許多女子終身對性事無興趣，交媾時不會發熱也不會出精。考其原因，不外乎下列四種：一、屬於意志的，例如我國古訓，貞靜爲女子美德，雖床第無戲言，若在交媾時稍露歡情，恐被丈夫疑作淫冶，故極力壓抑，成爲木偶。一身如木雕石刻的偶像，在此狀態之下，如何能夠發生興趣呢！二、屬於病理的，凡未嫁時，手淫過度，或嫁後感受子宮病，皆能使性交能力退減。三、屬於情愛的，夫婦間無愛情，自然交媾時無興趣。四、屬於方法的，女子嫌惡男子的身量過重，性器具過大過小，交合不得法等，都是使性交不能美滿的主因。然而女子始終不敢表示自己立於主動的地位，遂使性的眞相也隨女權而淪喪。勇敢的姐妹們，何不起來發揮自然所給予我們的本性？

自後，倘交合時間長久，而抽送得有趣些，方能出精，否則就只有些水質就了事，亦無什麼快感。此時我的陰部漸寬大，對於性交漸見憎惡。他又沒有醫學常識，不知體恤人，照舊繼續他定期的性事——兩天一次，我漸覺不支。又因有別的原因，遂使我決定過獨身生活了。

在後又遇到一個人，他的性量與我差不多，且他那生殖器比前的人略微小些，交合時我不覺辛苦，只覺十分貼切，而得到膠黏的快樂。並且我們方式常有變化，或天翻地覆，或如蝴蝶側飛，或如達摩趺坐，我則覺得側飛爲最合式，趺坐還可以。他知道疾徐輕重的方法，而我的膣部（即陰道）也自然而然能夠翕張和轉動。

我們常使我的性潮高漲時方行交合，每次時間甚長。他有時將要丟精了，則我們談談旁的事，使他耐久些，凡三十分鐘左右，我始能丟精，而感到滿足。有時我們同時丟精，但見六曲屏邊，花枝皆顫；試聽鴛鴦帳裡，嬌喘微微，十分酣暢，十分輕快，到此方知交媾必須研究方法。若男子抽送時常按老板板的動作，又不知變換方向，交合不過幾分鐘即丟精。女子方面，當然感不著興趣，不容易丟精，勉強承受，久之將視爲畏途，甚且，弄得了刺激病和子宮病。

可惜無量數的中國女子，被虛僞的禮教蒙蔽著，對此道不敢談一字。而對方的男子，也因缺乏性知識，僅受自然的衝動，一味蠻幹，只顧自己能夠出精就算完事，不管對手的苦楚，結果雙方皆得不到眞正的快樂。在男子則因爲對於妻的不滿足，常至墮落爲妓院中的嫖客，而得到梅毒的不可勝計；至於獨守空床的妻，還不知道是怎麼回事。最可憐的女子因爲性欲不滿足，或過悶，以致發生刺激病、子宮病等，恰如啞子吃黃連，有苦說不出，唯有把不值錢的生命去拚罷了。你們不信，試看那些油頭粉面的太太奶奶們，有幾個活潑的紅顏！

張競生按語：

一舸女士敢來現身說法，寫出這樣誠實的性史，我們應該如何感謝伊？料想許多人，尤其是女界看後，必定得性的無窮利益。

作者極看透女子得不到性欲滿足的害處。在此層上，我極佩服伊的深解和高見。此層關係極大，故我不免在這裡來附說些。我常觀察許多當姑娘時活潑潑天眞爛漫的女子，嫁人後便即香消色退。及到中年又多變成鬱悶病——最多是與性欲不滿足病有關的「歇司特里亞」（註一）。到四、五十歲後若得到了母權或婆權的婦人，則多變成兇橫暴戾之輩，甚至迫死媳婦，或氣壞子女。如伊們得到更大的權力，則必將釀成爲武則天及慈禧之流，淫亂宮闈，遺害全國。究竟這些變態女性從哪裡出來呢？我想大部分當與伊們青年時代的性欲不滿足有些關係。

我嘗詢問了許多娶妾已數年或十餘年的男子，他們都說他妻素不知興趣是什麼，更談不上有無領略過如男子丟精一樣的性感了。女子的丟液固然與男子丟精的性質不相同，但其快感恐比男子更大。

女子有許多種陰水，一爲香液，乃陰核内面所泄出者。二爲陰道排泄液，每於陽具輸送時發現。三爲「巴多淋液」（註二），乃一種陰道口腺的液，則必當女子領略性的興趣極滿足時才能泄出，且泄出時如男子射精一樣的遠擊。

這「第三種水」丟時，女子如醉如痴，周身覺得痛快無比，過後又覺得些疲倦，與男子丟精的狀態前後相似。此時子宮內呈極大的變動：一面分泌了許多子宮腺液，一面子宮頸內的積液被壓迫而外出。前項作用，有說這些子宮液得以減少陰道內酸素，使精蟲得久在此中生存。後的作用乃使精蟲得以便利入子宮。

我假設卵巢也必於此時輸送卵珠到子宮內，此事雖未被人證明，但我想女子與男子的性作用大都相同。男子丟精，精蟲同時送出，女子丟「第三種水」時，既與男子的丟精同樣興奮和疲倦。那麼，由上「自然之例」推之，其卵巢必然同時有相當的工作，即是輸送卵珠下來子宮以備與精蟲結合。這些卵珠既如此新鮮興奮，自然易於成孕，且所受孕的胎孩必較強壯活潑。現時一般人只知卵珠有一定成熟期限，成熟後就下到子宮儲藏，這個僅見其一，未見其二。

就我推測，成年女子的卵巢永久有成熟的卵珠，好似男子的精囊一樣永久有成熟的精蟲。如女子太久無法丟「第三種水」時，卵珠太多，難免把一部分太成熟的擠到子宮，可是，這樣太熟的卵珠，極少有受孕性，因爲它已失卻大部分的「生力」了。若由女子興趣後，總有卵巢下來的新鮮卵珠，則不但易受孕，並且受得好孕。這個測度，極合於科學的預料及自然的事實，我極希望將來性學問極大進步時，必定有人能夠證明這個預料。

由上說來，使女子能丟第三種水時，不但女子得到性欲的滿足，並因女子此時似受電氣一樣，滿身顫動，醉態浪容，令人神迷，並且斷伊的生殖器烘熱如電爐，把陽具燙得酣美不可言說。故女子能射「第三種水」，不但自身滿足，男子也同時得了無窮的快感了。

那麼，男女最重要和最美的交媾法，就在使女子丟「第三種水」，這個不是難事。

第一，男子不要太多次射精與太快射精，故交媾的次數不可太多，如壯年人每星期一次二次就夠了（要避免多交媾，與女子隔床，或分房或離屋單睡才可），但每次要長久，最少當延長二十分鐘以上，能延到四十分至一點鐘更好。女子丟第三種水時，大都在交媾二十分鐘以後，男子當與女子同時丟精爲要。如讓女子丟過一、二次後，男子才丟則更妙了。

第二，女子性緩，男子性急，但膀胱空或滿，能助性成爲緩急，故交媾前，男子須清小便，女子則要稍儲小便，因膀胱滿能使性機關充血，易於起興和丟精。男子清小便，正爲延緩射精；女子滿膀胱，則爲催促易於丟「第三種水」的作用。

第三，男子於交媾前，須用種種方法挑動女子性發。於交媾時，則要親吻、親頸、摸乳、摸陰核，以及種種撫摸溫柔應做盡做，弄得女子充分美暢。

第四，更關緊要的，是女子應當立於主動的地位，不可含羞怕恥，一味如木雕美人一樣，僅聽男子的主動。須知交媾就是交媾，不是講禮儀，也不是講道學。一個好女子，平時當如天仙玉女的清靜，交媾時則當如「蕩淫婦女」的放恣，滿身活動如跳舞一樣，無處不與男子的性機關合拍和調。陰道內更收縮馳騁，弄得男子求死不得求生不能。女子好身手，殺人不用刀，伊們制伏男子的許多方法中，闈房戰術當爲極重要之一了。

諸君要記住，照上述的交媾法行去，必能得到男女雙方和諧，靈肉俱得到了美滿。女子自然免於生了「歇司特里亞」病，也免於犯了種種性的罪惡；男子方面，既然有這樣的性樂，苟非有別的原因，自然免於有外遇，更不至於狎妓了。交媾一事初起看來，似乎人人皆能，但要得到美滿，則非用上頭那些方法不爲功。把交媾一事講求好了，夫婦家庭間省卻許多齟齬，社會上免了許多罪惡，誰說交媾的方法不應研究呢？

但諸君要緊緊記住我們的方法是極自然的，科學而兼有藝術的，不比那班「淫書」，一味胡贊亂說，專以挑動肉感爲宗旨。由我們的方法做去，事極簡便，人人皆能，不必尋仙丹遇奇人才夠得到閨帷最樂的情況。

說到《聊齋》的「五通神」一章，使我起了許多感想。《聊齋》的罪惡不止誨淫，並使人起了鬼神的迷信，但因它的「古文」寫得不劣，所以一班人愛不釋手，由此可見得「古文」也能寫淫書、說淫話。如在「五通神」一章說：「我愛汝，不爲汝禍，因抱腰如舉嬰兒，置床上，裙帶自脫，遂狎之，而偉岸甚不可堪，迷惘中呻楚欲絕，四郎亦憐惜不盡其器。」又：「四郎挽婦入幃，婦哀免，四郎強合之，血液流離，昏不知人……」這樣寫得何等兇暴！

最可惡是使未婚女子見後，不免常恐懼男子的偉岸不可堪，……血液流離……。這樣誨淫兼教暴的記載，竟得「載道」之文而行遠，真出那班假道學家的意外了。至於我們這些性史，雖是白話文，寫得溫雅多了。那麼《聊齋》可以公然行世，這部《性史》料得不脛而走，日行千里了。

註一：hysteria，一種常見的精神疾病，即歇斯底里。
註二：爲Bartholin的音譯，即巴氏腺，所分泌的黏液能滋潤陰道。

初次的性交

◎江平

十六歲的夏天，在成都中學三年級暑假的時候，我住在我老兄囑託的一個朋友的家裡。只因這一番，有分教：血氣方剛之青年，初試雲雨；色情狂熱之少婦，備盡風流。

那時候我知道男女有秘密關係，是從朋友處聽來的，但使我明白相信這事是人性的一種要求、一種快樂，還是一部《今古奇觀》的功勞。我見了《喬太守亂點鴛鴦譜》以後，一天晚上，忽然感覺到抱著女性同睡的特別滋味，我的生殖器硬了起來，立時明白這種特別滋味，原來就在這東西的發動上，於是更證以同學的談話。性交的事，在我心理上起了一種極大的掀動了。

適巧，我老兄的朋友出外貿易去了，他的母親也回娘家去了，家中只剩下我和他的妻子，格外一個老媽。我稱他的妻子作二嫂，她稱呼我平弟，我們幸福無欲地生活著。

二嫂有一天要我和她的女朋友共同打牌，我答應了。在桌間，二嫂每次借故打我的手，這使我有些羞愧，因爲當著這樣多的來賓，一個女子這樣放肆，在我看來，是不合禮的。誰知道呢，誰知道不合理的事還多著呢！

賓客們散了以後，我同她在桌旁收牌，這時候我才敢仔細看她的纖手，我於是不知怎樣起了一種強烈的要求想摸她一摸。我摸她的手，她不動，我更進一步握她的手了，她仍不動，然而這時候，我的心已跳得十分利害了。

晚上，我獨自睡在我的小屋裡的床上，回想兩點鐘前摸手的狀態，心還熱轟轟的動。在這種景況中，我忽然感覺到一種似夢非夢的境界，有一種不能用語言解釋的甜蜜滋味，生殖器的微動處，滴了幾滴精水，我因疲倦而睡著了。這是第一夜。

第二夜晚上，一種神秘的力催促我羞答答地說出一句太幼稚可笑的話：

「二嫂，老媽子今天回去了，我一個人睡在那間屋子裡，我怕。」

她躊躇了一陣，說：

「你到我屋子裡來睡好不好？」

我反而故意爲難了一陣，才勉強答應了。

一間很小而又十分精緻的屋子裡，陳列著一張大床和一張小床。她指著小床向我說：

「這是你董二哥在家時睡的，你就在那上面睡吧。」

一直到十二點鐘，我才在她指給我的床上睡了，但是我的心跳度數不容我有一刻工夫的睡覺。我「搗枕捶床」甚至於到了一萬遍，這才挨到天明了。

我極早極早便起來，出外去了。我自己沒有睡覺，於她有什麼關係？但我沿路想我未能睡覺的原因是爲她，而且是爲了想同她交媾，我又羞愧又怕見她了。我覺得我的臉上發了燒，見著朋友連話也說不出來了。我想：「女子的力量眞是大啊！爲什麼使我有志有爲的青年到了這步田地？唉，我如不斷絕她，我這一生完了。」我立定了主意到天黑盡了才回去，一直走進了我的屋子，點上煤油燈。我剛一提筆，想在日記本上自誓的時候，她嫣然含笑著走進來了。

「你今天這麼晚才回來？」

只此一句，我覺得她把我所有隱密都窺出了一樣，我的臉紅漲了。她看見我十分害羞的態度，於是尋別的話和我說：「來，到我房子裡來，我給一點東西你看。」

她把她未結婚前的相片給我看，我還是不說話。我不說話，一直到了我睡在我的小床的時候。

今夜我實在不能忍耐了，誰能忍耐呢？到了夜深無人的時候，在同一房中，距你睡下的地方僅三尺遠的床上，躺的是一個杏臉桃腮的美人，你的理智能克制情感麼？你的戴假面具的禮教觀念，能阻止你肉欲的發生麼？不！尤其是十六歲的中學生啊！

不過我的內心無論如何如火般的燃著，然而我終於不敢有過於唐突的舉動，我至多無非是呻吟而已。我的呻吟，正和小孩要奶吃的叫聲是相同的。果然她慈悲了，她說：

「平弟，你怎樣了？」

「沒有什麼。」

「為什麼老不睡覺呢？」

「因為我肚子痛。」

「肚子痛」三個字是被禮教壓迫出來的，其實這時候我想說的是：「想同妳睡。」但是我敢麼？她立時起床來服侍我，我也故意地起來。經過了長時間的如「喝開水……」等的人工治療後，我和她都實在有些疲倦了，我於是假作不知地走去坐在她的床沿上，她也同我坐下了。坐了不到五分鐘，我故意忘了是她的床一下躺下去了，在半醒狀態中，我聽見她的嬌聲說：

「平弟你要睡嗎?睡得順一點!」

我於是隨隨便便地睡在床的裡面去了。啊!她就睡在我的外面啊!我的臂膊接觸了她的臂膊。我等她似乎睡著了以後，我一翻身用手貼在她的乳房上，她還是不會動。我的心跳得不能收拾，呼吸聲短促而長，我不知道怎麼才好了。

我從乳房移動我的手到了她的褲腰之部，她還是沒有動。我用力解開她的褲腰，她還是沒有動，這時候我不知道怎樣怕起來了，我立時又把手縮了回來。但不到一分鐘，我又膽大了，我伸手一直往下摸索去，她還是沒有動。……啊!天啊!我摸著的是什麼?一片長著毛的極嫩的、極引人情狂的肉啊!我實在不能一刻忍耐，立時翻去壓在她的身上。我的生殖器剛一接觸在她不知道哪一部分的肉的時候，我已然頭暈了。原來我已經出精了，我還不知道啊!

我在昏沉中，忽然聽見她的哭聲，我醒過來頭部還靠在她的臂膊上。她不斷地哭，哭得我尋不出一句安慰的話來安慰她，我只有陪著她哭了，末了還是她先說：

「你，沒良心的，壞了我的名節。」

說完，她仍是不斷地哭。無論我陪了若干個不是，她的哭總不稍止，我終於沒法了，才說：

「不做的事，已經做了……況且我又不會怎樣侮辱妳，我做這事，還是爲的是愛妳，至於說名節，我又不會告訴別人，妳的名節怎麼會損害呢？……假使妳不喜歡我，我從此不見妳好不好？我明天仍搬回學校的宿舍去住……」

她已經幾乎完全平息了，在她的安靜中，她含輕視的樣子對我說：

「哼，你們男子……」

「我們男子怎樣？」

「心是不可靠的！說不向別人說，那裡眞不向別人說？」

我向她作她頗相信的明誓以後，天已經發白了，我要起來上補習學校去。臨行，她低低對我說：

「你今天還是早一點回來，我還有話向你說。」

其實這天晚上我回來比往常還要遲些，因爲我羞於在光天化日之下見她的原故。我一進門後，只藏在我的屋子裡面，是她來找我，我才敢再見她的。

十二點鐘的時候，她要我對著燈光之神向她盟誓說：第一，永久不忘記她。第二，永久不把這事拿去向別人說。我一一如式作誓了以後，她笑了一笑，對著燈光把跪在地下的我抱了起來，我們共枕而眠了。

我起初是羞於今夜再同她交媾，但摸著她的乳房，睡不到幾分鐘以後，欲火又起來了。我於是伏在她胸膛低低地含羞地說了兩個字：「我要……」她了解了我的意思，這是在她微笑著拍我的頭的舉動上看得出來的。所以我異常不客氣地拉開她的褲子，把我的生殖器放到她的陰唇上。她用手略爲幫助了一下，才算進去了，過一分鐘出精的時候，我這才第一次感受著至樂的、神異的境界，這也是第一次嘗著了人生的眞味。哦！活著原來還有這一種奧妙啊！我對人生發生了一種新見解，我出神了。

「你在想些什麼？」她低低地問。

「我想著一樁事。」我答。

「什麼事？」

「我想妳對我這樣好，我如何報答妳！」

聽完這話，她立即摟著我的兩腮極快樂的樣子向我說：

「呸！你不忘了我就是好的了！」

末了她勸諫我說男子們也不可以此事就誤了終身，學問和身體都要緊，不可一刻疏忽。我反駁她說我是一個極勤勉而且極端講求衛生的人，用不著她好意的勸諫。她於是說：

「自從你有了我以後，恐怕就要不同了。老實說，你還年輕，什麼也不知道，你要謹記著我的話，你同我來了以後，千萬不要到學校裡去賽跑，吃涼的東西，這是於身體大有虧損的。」

「乖乖，我永遠記著妳的話。」

的確，我對於她的話是十分尊重的，所以一到天明，我終於毅然決然捨去了這最甜的夢，而去作我苦讀的生涯去了。我在我的書室內朗誦起《東萊博議》，我的讀書聲亂了她的心曲，她立即起來到了我的書室說：

「聲音放低一點！」

「爲什麼？擾亂了妳的清睡麼？」

她走近我的桌前，雙手把著我的兩肩說：

「我看見你這樣讀書，我眞心痛。平弟，你不知道，你同我睡了以後，這樣讀書是會得癆症的。」

八點鐘的時候，我仍抱著書包上補習學校去了。

自此以後，我們每夜必同床，每同床至少必性交一次。我漸漸的有些覺得我健壯的身體不甚健壯了。因爲我的飯食一天一天的減少，以至於每頓只能吃一小碗飯，但是我的身體的確沒有病，甚至於說比從前還有精神些。星期日她晨妝的時候，我同她雙雙地照鏡——我的面龐比較她薄薄搽了些胭脂如處女般的桃腮，似有同樣的美，我自己也覺得我可愛，這是我從前沒有的。無怪乎她妝罷以後，要咬我一口啊！

啊！她打扮得花枝招展地出門去了，她打扮得如天仙化人地要到一個我不能去的地方去了。屋子裡只剩下孤獨的我，伴著一個五十歲的老媽子，我無聊到不可思議的地步，於是決心上學校去。

一個我很熟悉的，性情很和藹的監學一把拉著我的手說：

「今天你來作什麼？星期日！」

「我來玩玩！」

「我看你近來有些不同了，你到底有什麼事？」

一句話透破了我的心事，我的臉立即紅了，但在極窘困中，我終於用言語支吾開了。不過欺騙人以後，我自己的苦悶還不曾發表得，越使我不能久留了，我於是到別的學校去找一個同學。

他正同另外幾個同學要往武侯祠去，見我來了，十分高興地說：

「江平，江平，快來同我們一起到武侯祠！」

「我不去。」

「爲什麼，你不是說成都的風景第一美的是武侯祠麼？」

的確，武侯祠是我百去不厭的，尤其是同這一班青年同學。爲什麼我今天不願意去呢？我自己也有些奇怪了。是的，我自從有了她以後，一切行爲都改變了，從前認爲美的，現在覺得沒有她在，就意興索然了。啊！董二嫂！妳把我原有的一切美的印象都呑去了，但我同時感謝妳，妳的美把我從前覺得不美的事物都美化了。一件事物，只要圍繞著妳，和妳發生了關係，那便可以使我沉醉，使我魂消……啊！妳的偉力啊！使我終於決然捨去我興趣的同伴不去武侯祠了。

離別了我的同學們，在收買舊書店走看了一遭，彷彿四點鐘了。我預計是她回來的時候了，我慢走回去。不錯，她回來了！門前還放著一乘轎子，老媽子正在同轎夫算錢，我不等老媽子看見一溜進去了。

她坐在中堂而兼會客室的躺椅上。她那種美的修飾，微笑的面笑，略含醉態的姿勢，使我有一種絕對不可遏止的熱情。我一躍上前去和她接了一個吻以後，伸手探摸她的下部。

「在這裡？」她微笑指著供奉的神祇說。

「我要……我要……就在這裡。」

「平弟，快起來，一會兒老媽子進來了。你要……進房去好不好？」

我拉著她進了房內，上了床……

五分鐘甜蜜的沉醉。

我疲乏了，我躺在床上就不願意再起來。

「你起來快出去吧。老媽子看見你不見了，怎麼好？」

「老媽子並不知道我回來。」

「的確？」

「的確！」

「那麼，乖乖，你躺一會兒。」

她替我放下蚊帳出去了。我一直睡到吃過晚飯以後才醒過來。我聽見她正在吩咐老媽子說：

「江先生今天大半不回來了，妳關上門早些去睡吧。」

老媽子睡去了。她立即進來揭開我的帳子，我向她說我餓了，她給了我不知哪裡來的許多很好的點心。我吃飽以後，她坐在床沿上望著我。我叫她快脫衣同我睡下，她說：

「我今晚不同你睡了，除非你很乖地叫我一聲。」

「乖乖，來睡吧！好不好？」

「不好，叫我的名字。」

「二嫂，來睡吧！」

「還是不好。」

「……瓊華姐姐……」

「哎呀，平弟，乖乖……」她緊緊抱了我一下，然後脫衣上床睡了。

這次同她交媾的時候，我故意忍著不出精，動了有十分鐘之後，她向我說：

「平弟，你爲什麼不說話？」

「我太舒服了，舒服到說不出話來了，妳呢？」

「我不說……我也舒服……」

經過了長時間，我們彼此的性欲都極端滿足了以後，我同她講起往日的故事來。因爲我初次和她性交所感受的印象太大的原故，所以我強迫要她說出初次和董二哥交媾的情形。她遲疑了好久，才慢慢地說了出來：

「結婚的那一晚上，我同他一床睡了不到半點鐘功夫，他便要摸我的下身。最初我還是不願意，後來終於被他的大力壓迫了我。他把陽具插入我的陰道的時候，我覺得彷彿有人拿刀殺我一樣，好在我母親同我說過這是不要緊的事，我才忍著痛隨便他弄去，及到他出了精下來了的時候，我已經痛暈過去了。你知道我是十七歲的處女，他的東西又大，我怎能忍受得！我醒來一摸索的時候，全褲子裡都是水，從帳外透過來的光，還看得出紅色來。這使我與他都嚇怔了，我們兩人都不知道血從哪裡來的！『我的』到了第二天早上還有些微痛。晚上，他不敢再交媾了。過了幾天，我們漸漸明白第一次流血是不要緊的，於是才敢來第二次。第二次他不敢全放進去，我也痛得比較好一點。到了三次，四次，我才不痛了。」

「不痛了，妳就自然舒服了！」我含妒意地說。

「不，平弟，眞的不！他的太大了，使我總有些不舒服。所以後來他要『來』的時候，我常常不答應他，至少十幾天才准他『來』一次。」

「你爲什麼准我天天來呢？」

「『你的』……」

「『我的』怎麼樣？」我急於問。

「我愛你……」

「妳愛我哪一點？」我急於問。

「我愛你……」

「快說，快說！」

「我愛你是童身。」

「我不是童身，我早已同別的女子往來過了。」我欺騙她說。

「呸，你還不害羞！你不想你第一次同我……那次？你知道麼？『你的』還沒有進去呢！」

我也忍不住笑了，我於是問她那時候對於我的感想。我說她的錯處是不該要我同她一床睡，既已睡下，就難免不如此，既已如此了，又說我壞了她的名節，這豈不笑話麼？她慢慢回答我說，她那時候實在不知道我要這樣對她。她只以爲我還是一個不知人情的小孩子，殊不知……

「現在我們既然這樣也好了！妳該不失悔吧。」我說。

「我還是失悔，假如沒有那次的事，我現在的心安閒得多了！」

「現在爲什麼不安閒呢？」

「平弟，是你問我這句話！別的不說，我只一想到你不久便要離開我，我周身都不安了……」

說完她甚至於哭了起來，我們肉體的愛，漸漸涉及精神了。我百般安慰她，結果還是

「至死不忘妳」幾個字止住了她的眼淚。這時候我才感受到了一種把靈魂交與人的快樂。然而她交給我的靈魂，卻如何安置呢……？

她不是一個淫婦，雖然她違背了她合乎法律的丈夫而愛了她的「小江平」，雖然她同江平每夜性交，雖然她和他還是直覺地發明了好些交媾的新方法，她畢竟不是一個下流的婦人。她唯一受人責備的、連她自己也不滿足的，便是她肉感方面稍比別的女子或者略強一點。然而一旦假使有一種神力，使她沒有肉的感覺，她不但要失去她全體的美，而且同時就剝奪了她生活的興趣，她把靈魂均勻地放在肉裡面。這就是她。

十三歲的一天早上，她給她的小兄弟穿衣服。她摸著他的生殖器，忽然產生了一種奇異的感覺，她打了一個寒噤，精神頓覺疲倦了。她替小兄弟穿好衣服的時候，她的思想集中在這事上面了，為什麼男子要生有那東西而女子沒有呢？哦，這正是男女之所以有別了！不，不能這樣簡單，女子要生小孩啊！生小孩？為什麼要嫁一個丈夫才能生小孩呢？這裡不能沒有關係吧。「是的。」她自己說，「『大半同床睡的時候，『他的』接觸到『我的』，沾一點氣，就會生小孩子。是的，是這樣！」誰知道不但接觸，而且還要深入！不但深入，而且還要出精。啊！奇異的人類啊！你蒙混了十三歲的女孩子。

然而她怎樣不明白人生的眞義，她總覺得女子要看或摸男子的下部，是一件不可對人言說的大羞恥。於是她知道男女的害羞，雖然她內心一天一天地更要求同男孩子往來，但含遺傳性的禮教卻一天一天地使她不敢接近男子，怎麼敢呢？父親是一地方的紳士，他的女兒若有點不名譽的事，不止以性命為犧牲，抑且以全族的人格為犧牲了。這類的事，母親講給她聽過，雖然才十五歲，她懷疑恐懼著如奉聖詔一樣。

就是這一年的冬天，她初次的月經來了，她怕了，以為是一種致命的危症。經母親告訴她如何怎樣以後，她才安心了。正是這時候，一天她參加了人的結婚回來，獨睡在床上，想起那結婚的滋味。這不僅是那新房的陳設值得羨慕，而且在這淒冷的冬夜中，同一個男子睡的甜味，實在使她熱烈地夢想了。

她夢想著她的裸體與男子接觸的情形，她心房顫動了。在她陰戶的裡面，似乎有一種細到不可思議的東西在那裡蠕動一樣，她伸手摸去，陰戶的上部略為突起而較平常略為堅硬了。假如這時候有任何一男子同她一床睡，她必定要緊緊地抱著他以泄她的肉欲，她是覺得這男女的關係是何等的要緊而且嚴重了！不過她——還不到十六歲的處女，終是被困頓和羞辱之心使她這一次安靜地睡下了。

自此以後，她莫名其妙地喜歡同堂姐妹作擁抱的遊戲，而且甚至於喜歡同她們一床一頭睡。有一次她同她三姐一床睡下，她們互相擁抱，及至兩情脈脈互有以對方為假定男子的欲望時，她們的四個乳尖互相接觸了。一種無名的力，使她如酒醉一般，然而是甜蜜的——她把持不著那種過於短促的呼吸與陰戶的微癢，於是很暴烈地一手推開了她的同伴。她定神一思時，她的生殖器微微濕潤了。她不了解這一種變化，但在她理智上有一種失悔和羞愧。

第二天早上，她怕三姐要說什麼，但三姐若無事般地自去了。從此她越覺得一個女子的身體實在不容易保持，她希望早同人結婚，或者可以醫她這特異的病症。是的，「女兒家大了，不出嫁是不好的。」母親也這樣說。而她呢？她的確成人了。

頭上梳的圓髻，腳下穿的緞鞋，裊裊婷婷的步伐，一見男子便羞退的態度，無一不顯出她是有嫁人資格的閨女。現在的問題，就是她的父母怎樣給她選擇了。

她對鏡照出她桃色的面龐，她十分盼望不要辜負了這青春。她一天一天地，盲目地盼望她作新人的消息，她只注意在他的肉，所以她也希望丈夫是一個美男子！其實結婚後還有那麼最大部分的問題，她忘了！所以十七歲那年，當初次有人來說婚的時候，她就暗暗地歡喜，及至聽說這位青年品貌極好的時候，她就盼成功。事情都如她的希望了，她籌備一切，及至婚期將近的前四、五天，她的喜歡才受了一種意外的打擊。因爲她母親在無人處對她說：

「瓊兒，妳過門去，第一天晚上他便要和妳『來這個』……要是有什麼痛苦，妳總忍耐一點。我和你父親當年也是這樣的，妳不要怕……」

她原來不怕的，這一下倒反怕了，她不知道這到底是怎樣一場結果。她想到她一個人要離別了母親去冒這生平第一次大危險，她因恐懼而哭了。她曾經（極短時間的）想過永不嫁人，但是不嫁人，或者不能嫁人，又是何等可恥的事啊！母親的意見如此，同伴們的意見如此，一切人的意見都如此——誰不嫁人？除非妳不是女孩子！她幼稚的思想，被更幼稚的理由推翻了，結果她只獨自地哭了兩天，婚期如飛箭似地到了。

結過婚後，除了那種必然的、神秘的、生理上的變化足以使她不時有些回想外，她所感覺到的人生，仍然是單調和平庸。哦！夫妻間的生活，原來就是那麼一回事！她從前所想像的奇異，原來是一點兒也不奇異；她從前預感到的快樂，原來是一點兒也不快樂。她同她丈夫睡，她只覺得這是一種義務，覺不到這是一種興趣，這一種乏味，她不知道是從何處來的。

她的丈夫並不醜，甚至於還比別人的丈夫美，但是她總不能強烈地愛他，這是爲什麼？她解釋不出來。不過她隱隱然感到的，就是她丈夫不太甚注意她了，她的妝飾、她的美貌，不曾得到他誇過一次。他要說她可愛的時候，就在床上，就在她一片肉上，然而這一片肉既成了他任意玩弄的犧牲品後，她內心中感受了一種失去自由的苦悶。所以有時她也拒絕她丈夫說：

「今晚上休息一夜，行不行！」

「行，乖乖……」他假意地溫存過以後，掉過身去如不相識者般呼呼地睡著了。第二天晚上假如許了他的要求以後，他滿足了欲望的時候，更睡得人事不省。無論她有許多許多苦悶要向他發泄，終於無效。至於白天呢，他們見面的時候都沒有，別的更無從說起了。

這些這些，都是她無從快樂的根源，她覺得人生確實沒有什麼値得留戀。

她現在只有一種希望，她雖然很知道生孩子的痛苦，但她惟願得到一個孩子，以便消磨這日長如年的歲月。但是命運不許她有小孩，所以結婚三年，從十七歲盼到二十歲，暗地裡祈告了若干次，終於使她失望，她鬱積的病更大了。她近來越覺得單調和枯燥，但她越不願意出門去尋那繁華的所在。她沒有欲求，但她似乎有什麼需要似的。

當她的丈夫向她說，一個十六歲的青年——他朋友的小兄弟，要來寄居在他們家裡。問她願意不願意的時候，她無區別地回答說：

「隨便你的意思。」

「妳到底高興不高興？」

「他不來我也贊成，他要來我也不反對，不過你要是已經答應了，你叫他來也可以，橫順我們那間書房是空著的。」

其實她的丈夫早已答應了江平的老兄了，現在既然連她也表示不反對，董二哥當然得意了，他的慷慨好義之舉實行了！

江平是個可愛的孩子，他如少女般美的色相，在初來的第一天便可以看出來，何況他平時說話的聰明，行爲的典雅，更覺得他是一個很有教養的人家出身的。他一天亮就起來，洗罷臉，整理完書室以後，讀幾首古詩，便抱著書包上學校去了，直到晚上回來，一進屋便點上燈看書，天天如是。他對於這家裡人——上至董伯母、董二哥、二嫂，下至佣人，雖然很少有親熱的說話，但在他的表情上，卻流露出一種對於他們並不生疏的態度來。

他的生活是單調平庸，不過他的單調平庸中，卻有一種淡泊清雅的可愛，這使董家的人們都羡慕了，尤其是二嫂。她屢次想同他多說話，但每次都因覺得自己俗氣而中止了。的確奇怪，她近來怎麼會感到許許多多的東西的不美呢？她看著她臥室的裝飾，尤其是她自己的裝飾，都有一種厭惡的心情。她設法改變她，於不知不覺間，把自己打扮得非常動人了，她的丈夫奇怪著問她近來的臥室何以比以前格外整潔？她說：

「你去看看江平的屋子！別人還是個小孩子！」

她的丈夫十分高興她這一種改變，他覺得她近來的活潑，實在是他的幸福。是的，一個商人得了這樣一個妻子是值得驕矜的。至於她……

她忘了許多從前不快意的事，只要她同江平說了幾句話，或者有事到了江平室中去一遭以後，她便感到一種莫名其妙的快樂。她是愛了他麼？她想背了她丈夫而同他犯一樁大罪麼？不！絕對不是，結婚已經三年的婦人，同一個十六歲純潔的男子，如何使得？她的理智絕對不讓她有什麼妄想。不過她終於想同江平說話，或者想摸摸他的頭或手，這卻是一種不可止的情欲。的確，她克制不住，所以她愛同他談笑，同他遊戲，在無人的時候，請他到她臥室來坐坐。她不是引誘他，她只是滿足她內在勢力的要求。

誰知道呢？誰知道這位謹慎的青年，居然在她還無心要求他以前，發生了肉體上的關係呵？在她驚異而且恐懼中，她得了一種意外的滿足。不做的事，已經做了；不敢冒犯的罪，已經犯了。這有什麼補救的方法呢？她索性任便他。她不失悔，她更不怨恨江平。她自己說：「怎樣？一個女子嫁了人，眞應當爲她丈夫的奴隸麼？違背了他又怎麼？別的人如要偷情，不惜害死她的丈夫。至於我，絕無要求害死我丈夫的欲望，我的方法平和得多了！」

她同江平發生關係以後，她對丈夫並不曾減少溫和，甚至於增加了溫和。所以這時候，她的丈夫遠出歸來的時候，反覺得她的性情比從前更好了。晚上要求她交媾的時候，反不甚受拒絕了，這是因爲她覺得被欺騙了的丈夫，有一種可憐的地方的原故。而且，在事實上，如要使她和江平的事不至於有萬一的敗露，對於她丈夫的要好，這是第一種好方法。

她只要一想到江平，她便想到了董二哥，這兩個在她肉體上給予不能並存的男子，在她的心中反而並存了。她設法使他們永遠不衝突，永遠如現在一樣……但是她明明白白地知道，結果她必然要捨去一個才能完事。誰呢？董二哥與她是禮法的結合；江平和她是情愛的結合。情愛的結合，有忠實的心爲保障，自然不容易破裂；但是禮法的結合，有社會道德、名譽爲保障，破裂更不容易啊！她想到這問題，她思及她將來的命運，她惘然了。

她悔恨當日父母爲什麼不與她選擇一個如江平一般愛女人的男子。江平把全心交給了她，江平肯作種種媚態來取悅於她。她想：「假如我沒有他，我將如何生活呢？」不！她想錯了！她是終於要失掉他的，或緣死亡，或因嫉妒，或爲功名……總不能不有一日的離別，與其將來的離別，不如現在的離別，現在離別還沒有什麼大不幸啊！由這種精神上的反感作用，她居然想設法離開他。

巧極！江平這天在學校裡演劇不得回來，她起初是想他不回來也好。但在黃昏的時候，有什麼神力驅遣她似的，她到門外去望了若干次。這每次的失望轉來躺在躺椅上的情態，是她自己也難以言說的。「叩，叩，叩……」的敲門聲，使她從若夢中興奮起來，她跑去開門，及至她看見是她丈夫的時候，她驚呆了。她丈夫看見這種神情，於是說：

「什麼事這樣驚惶，妳看妳的臉紅得這樣！」

「我道是誰敲門，原來是你，嚇了我一大跳！」

她漫不經心地同她丈夫進門，吃完了飯，休息一會，被她丈夫強求去睡了。她丈夫已入半睡眠狀態的時候，她忽把他搖醒說：

「你聽，誰敲門？」

及至聽了一陣沒有聲音的時候，她丈夫說：

「已經一點鐘了，有誰敲門！」

她丈夫又睡了。

她自己也入了半睡眠狀態的時候，她似乎的確聽見有敲門聲，於是她第二次驚醒她丈夫說：

「你聽，眞有敲門聲，大半是江平回來了。」

及至仔細而又不忍耐地聽了一陣，仍然不見有聲音的時候，她丈夫說：

「昨天晚上他不是說了，今天他一定不回來的麼？」

眞的，她記起江平的話來了。江平在她丈夫不在的時候，早已和她說過這天絕不回來，叫她千萬不要等他。她爲什麼忘了呢？她的精神的確有些昏亂了。一會兒她又聽見老媽起來去開門，江平笑盈盈地走進了她的臥室……一會兒她又覺得江平是永久不回來的人了……她在半眠狀態中，江平的一百種表情——喜、怒、哀、樂……她都看見了。她翻來覆去，總不能睡著，又覺得她丈夫察出了這種秘密似的，然而他爲什麼還是呼呼地睡呢？她不知道，這也許是他故意的吧？她於是假意起來，以驚醒他，他仍然不醒，她於是很大膽地上院子裡去走了一回。轉來，他仍然沒有醒啊！她若有所失地睡下了。

第二天晚上，夜很深了江平才回來，她清清楚楚地聽見老媽子起來去替他開門，她聽見他有韻節的腳步聲，她的心漸漸地跳起來了。假如不是她丈夫在家，她早已去抱住他了。她的心頭越跳越利害了，一種最強烈的肉欲，使她縱然有她的丈夫，仍然起來，極大膽地到書室去了。

她一下把睡在被窩中的江平抱著，強烈地吻了他幾下，然後在喘氣聲中，夾雜著說：

「平弟，平弟，我爲你……」

這過於使江平驚惶了，他幾乎不成聲說：

「唉！二嫂……他不是在家麼？妳怎麼……」

「他睡著了！」她坦然地回答說。

「要他醒了呢？」

「這時候一定不會醒的，因爲他同我……以後，睡了就一定不會醒的。我試驗過若干次了。不要怕，乖乖，我橫順有這條命……你想我昨天一天不見你，我心裡多麼難受。早晚我沒有你，我就活不成了。現在我怕什麼？」

「而且伯母……還有老媽子……妳、妳、妳怎麼這樣膽大？」

「她們早都知道了，不要緊！」

實則說，江平的膽量、心思、經歷的確不及她，你看，她同江平過了長時間的甜蜜境界以後，她很從容地回去，她的丈夫實還沒有睡醒。再說，她丈夫縱然醒了，發現了這事，他又有什麼辦法？爲名譽計，他只有忍著達觀一點，彼此相安過去爲上策。等到不久就要畢業離開此地的江平走了以後，他還不是同樣享懷抱佳人的艷福？江平又如之奈何！

的確不錯，正如這種預定，我，霸占過半年別人的美妻的江平，不久就因家庭、朋友、地位、經濟的種種壓迫，離開了那福地了。

我現在所悔的，就是當日我不敢實行我們的計畫。有一天她向我說：「我們倆作乞丐去要飯。我們要飯一直到頂遠頂遠的地方去，你說怎麼樣？」我十二分贊成她的意見，但是那時候，我們竟因怕鄰居，怕相識的人而不敢實行啊！這是何等的懦怯呢！

我們畢竟是懦怯者。我們只有作過許多難以實現的夢，我們夢想這地球忽然變了形式，把我們倆居的一片地漂在大海中去了。我們又想取那同一齊死，同一地葬埋的快樂，所以，有一次我吐的痰中僅僅帶了一點血絲，她便向我說：

「你死了也好，因爲我好決定我死的心腸。你要有一天在，我實在不忍拋卻這世界啊！」

啊！我的愛，妳的話直到現在，我還一字一字地記得。是的，我現在還在，妳想來不至於就拋卻了這世界吧？但是我們相隔八年沒有消息，妳不會相信我已經歸了黃土而爲我死去了麼？啊！我的愛！我有一點極小的病，妳便呈出心肝來服侍我。妳不使我有一絲兒痛苦的地方。妳冒著危險，含著羞辱去替我求藥方。妳惟願我不死，以保存妳的生趣；妳惟願我死，以決定妳的死志。我的生命，便是妳的生命，這是何等難能而可貴的純潔情愛啊！妳把肉體犧牲於我之後，更把靈魂也犧牲於我，我該當如何感激妳才是？

但現在我是何等的不忠實於妳啊！我忘了妳給我的安慰，忘了妳臨別的贈言。我竟八年不歸啊！我豈止八年不歸，我現在還有了新的愛人，這是使妳何等難堪的事！我該當向妳懺悔啊！尤其是將新來比故的時候，妳知道她在明月下樹林中，所賜給我的安慰，還不及妳在回憶裡所賜給我的甜蜜。啊！妳的印象，不可磨滅了！我清清楚楚地看見妳了。我看見妳含笑走到我的小書室來了，是妳，我的愛，向我說：

「你說今天吃什麼菜好？」

「吃雞好。」我漫不經心地回答了。

吃飯的時候，我驚訝桌上果然有雞，而且是妳的心愛的母雞啊！當妳的朋友問妳何以捨得殺那個雞的時候，妳不怕泄漏了我們的秘密，驕傲而且指著我說：「是他要吃！」啊！我的愛，妳爲愛我，妳不惜犧牲一切，妳不惜守著寒窗，伴著孤燈，等我夜半的敲門聲。現在呢？妳想必是還伴著孤燈，守著寒窗，然而那使妳心發熱的步聲，卻一年年地遠了！但是，我過去的愛，妳該原諒我吧，假如妳知道我每一思及妳而流眼淚……

一九二六年艷陽天氣寫於北京

附記：

競生先生：

正如先生所說，我所寫的這一篇小東西乃是「情史」而不是「性史」。這是因為我寫的時候，一心想把我們兩人的心理刻繪出來以紀念那一去不再來的熱情，所以把主要的關於性的描寫忽略了。現在既蒙先生問，僅答如下。

她之所以不愛她的丈夫的原因，據她和我說的與我自己的推測，可以得出幾條結論：

一、因為她董二哥身材高大，陽具粗而且長，每次交媾時，總使她陰戶深處有些微疼痛。在此種情形之下，他仍不憐惜她，新婚後半年之內，每夜（月經來時自然是例外）他至少必和她交媾一次。到了後來，她雖然頗能拒絕他，但每星期之內至少還有兩次。

二、自然，有時候她的性欲也非常發達，雖然疼痛，她仍想同他交媾，可是最使她不滿意的，是她丈夫出精太快，每每她還未到情濃時，而他早已因疲倦酣然睡去了。

三、其他好些原因，已在「初次的性交」中說過了，這裡恕我從略吧。

就以上看來，很容易猜出她強烈地愛我的原因：第一，我的身材不高大，肥瘦輕重都恰與她相等。至於生殖器，大小更十分相稱。我雖屢屢要求同她交媾，但主動似乎全屬於她。我記得那時是這樣的，我同她睡著以後，每每是先講許多無謂故事，然後又說許多「我憐我愛」的話。末了是我摸著她的乳尖，我見她不說話而且呼吸有些短促了。於是我才說：「我要……妳願意麼？」及至她回答了「可以」，或者「隨便你」以後，我才翻身上去。到了我快要出精非常舒服的時候，我一定要問她：「妳舒服麼？妳安逸麼？」她回答說：「我不說。」這就是表示她十分快意了。

但是這樣的快意有時我們都還感覺到單調，於是我們變換方式。第一種最簡單的變換，無非是她在我的上面，但聳動仍然是我。然而這結果卻每每使她先流水，她恐怕弄髒了我的身子，於是叫我翻過來壓在她的身上。只這抱著的一翻，我便忍不住出精了。

我們還互相側著身子性交過。這在我是很快意的，但是她倒覺得沒有趣味。

有一次她坐在床沿上，我讓她把褲子脫了，我就立在床下舉她的兩腳夾在我的胳膊下，這樣和她交媾。我記得這一次非常快意。

從這一次的發明，知道從身後穿過來進去較之從正面進去快樂得多。於是下一次交媾，我們便實行了那俗說的「觀音坐蓮台」法，先是我坐著的，她是躺下的，我照樣舉起她的雙腳把我的生殖器放在她的裡面以後，我一把手把她拉了起來。我們互相擁抱著，四隻腳交叉成了相異的方向，她的兩條腿是壓在我的兩條腿上面的，我們的乳房對著乳房，口對著口，舌對著舌。這樣故意堅持過了半點鐘以後，我們彼此都泄了許多許多的精，以至於把墊的褥子全浸透了，這一次算是我們性欲的第一次大滿足。我們覺得幸福極了，我們不顧一切，我們根本就忘了一切。的確，這種快樂，連生命犧牲在內，都是可以的。

競生先生，我所需補足我那篇小文的便止於此。先生切莫怪我的主張過於偏重肉欲，我絕對不敢主張，但是由經驗的結果，我深知欲火是不可撲滅的。據生物學家說，自人類以下許多生物，如要達到它們性交的目的，把生命犧牲了的比比皆是，我們可想而知這本能之重要了。即使人類又何獨不然？其所以不能如禽獸般同樣暴露者，不過有此衣冠和禮教的假面具而已，然而性欲仍然在「被窩裡」或暗室中同樣地滋長。禮教又如之奈何？

所以說，我們假如不是禁欲派的教徒，我們不應當設法制止性欲，我們應當設法滿足性欲。現在的問題便是「適當與否」罷了，如何才能使性欲滿足得適當呢？簡單的回答要有性知識，如何可以得性知識呢？我的意思便是要把被窩裡的事拿來放在講座上去研究，放到報紙上去討論，這就是我毅然肯來應徵的一點原因。先生道是如何？

敬祝著安！

江平鞠躬

張競生按語：

諸君看過了這篇董二嫂與小江平的事後，將作如何感想？就我個人意見，這個是關係男女間能互相調和的大問題。

董二嫂與小江平能互相調和，所以彼此相愛得如膠似漆。董二嫂與董二哥不能互相調和，所以彼此不免泛泛如過路人的相與了。

男女互相調和的方法因極繁難，但對於性欲方面不免在此來說一說。

司托潑夫人所著的《結婚的愛》（註一）博得了世人盛大的歡迎，在我國也已有兩種譯本了。她書中最好的一節是第五章「互相的調節」，其中大意說男子應該體察女子性衝動的期限與各種性欲性交的狀態，務使女子得到充分的性樂。但我看伊這書中未免偏就「習俗」一方面說法，這個習俗是女子處處立於被動的地位，處處需待男子的主動才行。司托潑夫人身爲女子，雖對女子的心理有精微的觀察，但對於這些習俗的見解可惜尚未能掙扎得出。

男女互相調和，男子方面固當如《結婚的愛》所說，體察在某時候（據說是女子每月有二次或一次性的衝動期）女子有了性的衝動，才可與伊交媾，此外應當節欲。但我想女子也應當時時立於主動地位，時時體察男子在何時性欲最昂奮，自己也當興奮起來以滿足男子的要求。

女子有定期的「性興」，男子也有之，不過女子顯現，而男子暗隱罷了。女子性興，每月有一次，或每兩週有一次。但此不過是就其生理上最顯現的衝動而言，人類不是如各種動物一味受自然的「交尾期」所限制，故女子和男子一樣隨時皆可有性的衝動。那麼，女子如果眞愛其男子，則當男子衝動時，伊也當同時衝動起來滿足其興趣了。故我不贊成女子應當時時立於被動的地位，男子則處處立於主動的地位。

由此，我不贊成司托潑夫人之說：每月僅有一次或二次，男子待女子衝動時才交媾。而我主張女子也當於自己性興的期限主動要求與男子親熱之外，尚須體諒男子何時有興趣，由女子自己主動滿足對方的要求。就司托潑夫人的學說，那麼盛年男女每月僅有一次或二次的交媾，這個實在不夠。伊又說：「有三、四天接續著舉行房事，以後約有十天全不舉行。」（根據胡仲持譯）這個方法也不甚好，接連著三、四天大戰這是何等吃力，放下了十幾天甚至於二十餘天空閒（就那些婦人每月僅有一次性興說），這又是何等掃興，這等過飽過餓的方法都不甚妙。

還不如照我下頭的方法較好：男子候女子性發時才行房事，這大概每二週一回，由女子要求，男子必要贊成者；男子性發（大概每月也要二次，應由男子自記每月的性興是何日期），由他要求女子同意者，每二週也約一次，如此，每星期約有一次交媾。如此調節，男女方面均能滿足，於自然的需求上也不至於過多過少的毛病了。

男女互相調和，於交媾時彼此應該互相協和動作。我們在第一篇性史上已經說明女子怎樣應當取主動的態度了。今再說及於交媾前及交媾後彼此應如何採取互相調和的方法。

第一，於交媾前，女子不當如雌的禽獸一樣，一味醉賞雄的歌聲與跳舞及技擊和決鬥。伊當自己及對方「性興」的期限時，應當表示種種動人的模樣以便挑動其男子，同時也當給予男子種種的暗示，使男子知道自己所歡喜的爲何事，所厭惡的是什麼？如此選擇不僅如禽獸界純粹立於被動的牝擇牡，並且進化爲人道界的自動地女擇男。女擇男的利益多得很呢，如要仔細知道者，請參看拙著《美的社會組織法》。

或說：女子本來就害羞的，本來就是立於被動的地位。不錯，女子害羞乃由於自然選擇的結果。伊的害羞的作用：一方面使男子得到充分的興趣與十分大膽的暗示；一面使女性見了男子的興奮，遂得了自己內面充分的歡暢與十分的準備。故女子害羞是外面的，是一種作戰的計畫。總之，女子被動是外象，主動是實狀，所以女子一面應該充分發展其自然的害羞性，但一面又當於合理之下盡量使用其本有的大膽性。

譬如丈夫對妻子說：「我看今夜妳怎麼對付我呢！」女子此時不免臉一紅，但此時女子應當向其丈夫熱熱濕濕地親一深吻，並應說：「恐怕你連戰皆敗啊！」此時情況何等美麗，周圍空氣又何等熱烈；若女子面一紅就走避了，則變成何等寂寞無聊了。故只知羞澀而不敢大膽，與只知大膽而毫無羞澀的女子同樣欠缺自然的美感。女子所以比男子好處，就因爲伊同時有害羞並有大膽，男子大都僅會大膽，而不知羞澀，所以男子覺得面目可憎，女子覺得處處可愛了。

男女互相調和的方法，於交媾前應如上說，但於交媾後怎樣才能調和呢？大綱：於交媾時男女當同時丟精，彼此均得到甜美的睡鄉。如果有一個不丟精時，則丟精者酣睡，其不丟精者，難免覺得長夜漫漫刺激不休了。董二嫂的苦況適合《結婚的愛》第六章所說不能睡眠的女子所受苦況一樣。在此層上，我想不能睡眠的，最好就到另一間房去看各種性學問的書籍，以便下回的補救。

至於一班避孕者，於交媾後，爲要免精蟲作祟起見，則依我的意見，應該用注射管盛煮沸後的溫水注射。可是，司托潑夫人在其所著《賢明的父母》（註二）中，竭力反對這個方法。伊所主張重要的理由是女子丟精後，筋肉鬆散，此時應當睡眠，以得休息的快樂及恢復元氣的利益。若於此時起身注射，自然不免礙了睡眠，其不利一。把精蟲及腟內微生物洗去，其不利二。此外尚有些小不便之處。我想司托潑夫人未免太貪便宜了，須知女子丟一次陰精（第三種水說見上篇）精神甚好，雖稍覺困倦，但不若男子丟精之甚。此時若有極暖和的房間及預備好的溫水，則一、二分鐘就能注射完（注射水要沖得猛才好），實萬無害及女子的休息。而且注射後，腟內覺得舒快，免有藥物與精液及陰液混合物的刺激，當然比不洗的更睡得暢快。

至於精液有無益於女子一問題，此時尚未證明。所能證明者，女子若能射第三種水，得到美滿的快樂，那就有益了。男子精液有無在腟內不成問題（此說見藹理士的《性心理》研究篇中，註三），說及腟內有微生物不好洗去一事更覺疑問。腟內有微生物有益與否尚未證明，但我們所洗去的乃一切排泄物及藥料，這些當然無益。又日日洗腟，就依司托潑夫人意，恐有妨害，但每星期或二星期洗一次（假設此爲交媾期）可以決定無害了。據醫生說：中婦患白帶病者十有八九，正宜長期洗膣以去濁，今若司托潑氏說行，婦人白帶病更不堪說了。

總之，男女於交媾後，如普通交媾者，當然可以稍談就睡眠了。如要避孕，乃有塞入膣內藥物者，男子應起來助女子注射，男女也當洗手，然後才同枕酣睡。一、二分鐘的麻煩，於普通男女的身體斷無妨礙（房溫當然要好），而精神上正好多一、二分鐘回想剛才美滿的滋味，男女彼此多一番互相鑒賞的機會，比那丟精後就豬似的呼呼睡去的毫無回憶滋味，眞不可同日而語了。

以上所談的幾種關於男女性欲互相調和的方法，當然是極易行與極重要的。但是有一事應當注意者，必要男女互相立於主動的地位，然後才能互相調和。董二嫂不愛董二哥而愛小江平，或者董二嫂對於董二哥，不能主動而立於被動的地位，至於伊對小江平則如駕「堆子」一樣，所願如意，當然覺得美滿無缺了。

註一：司托潑夫人（Marie Stopes, 1880-1958），英國的女權擁護者，著有《結婚的愛》（Marriage Love），一九一八年出版。

註二：即《Wise Parenthood》一書，爲《Marriage Love》的續作，一九一九年出版。

註三：藹理士（Havelock Ellis, 1859-1939）爲英國著名的科學家、作家和文學評論家，同時也是性科學研究的先驅，他所著的《性心理》（Psychology of Sex）成爲早期性學研究的經典。中國最早的譯本則爲一九四七年出版的潘光旦譯本。

我的性史前幾段

◎白蘋

我和「人類」這名詞發生關係已有二十一年了。在此二十一年的過程中，說也可憐，我尚未尋著一個好伴侶，嘗那兩性的生活，也未有什麼風流豔史，足以貢獻給一般人之前，現在只好忠實地記述我幾件簡單的「性史」了。

尋求異性的本能，我似乎特別富有，但我對於兩性的接觸，卻於一九一九年我二十歲的時候，才破題兒第一次初試雲雨情！

大約是五、六歲左右吧，我首次認識男女兩性的分別。有一天，家中大人們都出去了，只剩一位老祖母在家看管我們兩個小孩子。一個是我，一個是比我長兩歲的十三哥，另外又加入鄰居兩位女孩和一位男孩，年紀都在五、六歲以上，八歲以下。那時候祖母在前院看屋，我們五個小天使，便在後院胡鬧了。

五個人中，十三哥最大最強，鄰家的大女孩次之，我則居第三，其餘兩位皆是我的手下。當我們開始玩耍的時候，十三哥即提議要做「討老婆」的遊戲，大家無有不贊成的，於是遂在十三哥的指揮之下，做過種種的儀式，最後大家全把下衣脫淨，男的當新郎，女的做新娘，唱一齣「洞房」了。記得此時我認識的男女關係不過是一種空泛的觀念，不大知道怎麼一回事，最多也不過認得似年畫中的「老鼠嫁女」一般罷了。故輪到我「洞房」時，只好照著十三哥的樣式，叫女的直立在我面前，我則以手撫弄陽具硬了，這是從晚上睡覺時的經驗得來的，然後兩手握著它，向她的陰部送去。但這不過是儀式罷了，絕對弄不進的，而且我並未有插進去的想望，因爲性的知識尚未達到這一層。

然而，經此之後，再加以上學後得同學們的指教傳播，性的知識又更進一步，又尤其是關於「同性交」的知識。在小學生時代，同性交的流傳實在比異性交爲占優勢，異性交的傳說至多也不過是「望門而止」，談談女子的處女膜破後是怎樣現象，未破時怎麼情形罷了，至於性交的內容，則非小學時代得言者矣。

自從得了一點兒性知識之後，春情也漸漸發動了，見著異性的人便想去摸她的生殖器，見著漂亮的同性人便想去摸他的臀部。晚上睡眠，則胡思亂想怎樣和女人擁抱談話等種種情形，並很喜歡時常撥弄生殖器，使其膨脹，尤其是一群年紀不相上下的小朋友，互相比賽誰的生殖器「硬」、「大」的時候。我也曾幾次和異性偷過情，那時尚未出過精，但都因自己的口風不密，例如逢相當年紀的人，便誇耀我今晚將要同某人性交了，或因所在地不適宜，常被大人們呵責防止，不克實現。

我大約在十一歲時即有精輸出，我還記得很清楚：我騎在一匹馬上，馬鞍是用棉花做裡的，軟和的很。馬一步一步慢行，我的生殖器就一動一動地和馬鞍相摩擦，覺得很是舒服。忽然間，有一種液體自生殖器內很急速地射出，我以爲是遺尿了，秘不敢告人。後來，我便常用這種種經驗上的方法出精，把陽具弄膨脹，往床褥上面使勁按擦，身體俯臥著，這樣很容易射出那種液體來。這液體起初還以爲是尿，但未嗅見騷氣，又不知其名目，遂名之曰「雞巴水」。一直到十四歲時看《男女大秘密》才知道其名曰「精」，但已不知道「非法」出過多少次了！

我的「非法出精」除用這種方法之外，「手淫」是十七歲才試驗第一次，直到現在也總共不過五、六次，還是聽聞別人說它的種種方式和快樂才嘗試的。但是，我雖然不大手淫，卻用我自己發明的方式出精，在十三、四歲時差不多一天要犯一次以上，直到十八、九歲時，稍爲得見一點性教育的書籍，才停止執行！現在酒醉或神經刺激過度，有時間還想犯一、二次，雖然過後又非常悔恨這種非法出精的結局，當時不覺得什麼，到現在想來，血力不足，意怠神衰，不能不感謝它了！

十五、六歲時，無論在什麼地方，凡見著一個體面些的女人，春心就動，陽具就硬。但臨到晚上卻不會遺精，因爲已經用非法手段出精了！所以我雖然夢遺過，在停止非法出精以後一個月才一回，精神不但不怠倦，反甚爽適。

離家到京後，我才開始進妓館，但只是跟人「鑲邊」，自己恐怕沾染梅毒，終不敢宿娼，雖然內心不免躍躍欲試。但是一九二五年春天，我不但不怕梅毒，而且不顧一切，居然和人家的婢子偷歡，開始我第一次的性交了！現在回想起來，倒有一點記述當時事情的趣味。

是我的愚蠢吧？雖然常聽人談交媾的方式：老漢推車，倒吊蠟燭……，然而對於最平凡普通的方式，我卻認爲是男上女下、挺直的、俯低臥著的，豈知大謬不然！當那位婢女夜靜來引我至她預備好供我們幽會的地方後，她即仰臥著，兩腿豎開，而命我俯臥於她身上，兩膝微微彎曲，附著床褥，然後她才用手帶我的生殖器和她的接觸，完全出於我「意料之外」，眞叫我驚奇了。

生殖器剛一接近，她便催我快動，而她的陰水也一陣陣地淌出，兩人的陰毛都粘得油油的，不由我毛細孔根根地開張起來，覺得頗不自然——討厭這種污穢。不及一分鐘工夫，我就出精了，心尖搏動得非常利害，陰毛濕粘粘又很不快，所以這一次，我毫不感覺什麼快樂，只有些恐怕和懊悔的成分。我既這樣沒勁兒，她卻興猶未已，用手不絕地抖將我的生殖器，尤其是我用手捏她乳頭時，她欲火更熾。然而經過三十分鐘以後，我心越慌越沒有勁兒！終於愧愧地受她幾句怨恨：「看你這樣一個年輕貌秀的人兒，卻還這樣地沒有勁兒！」便就彼此分手，春風一度後會無期了。

經過這一次性交後，我反覺懷疑起來，生殖器如此的不行，是幼時非法出精過多的關係呢？是先天所賦的呢？是性交第一次應有的現象呢？懷疑愈多，悔恨愈甚。提出來問人，又無從問起，而且也沒有得到滿意的答覆，不免對性交抱消極態度起來了。

幸而過一個月之後，在游藝園裡面碰著一個女學生裝束的姑娘，先和我眉來眼去，最後居然和我說話。散戲之後，她竟拉我返她家中去，我才知道她就是北京所謂的「暗門子」(即私娼)。然而事已至此，勢難擺脫，況且已破了一次戒，荷包裡又有六、七塊錢，管他媽的，暫做一次壞人吧。且可試驗我的生殖器到底怎麼樣，那又何妨冒一次險呢？遂安心住下，這才得到一點性的趣味。

這一晚，我和她交媾三次，每次時間的距離約在三十分鐘至一點鐘，性欲才轉旺盛。

第一次，陽具一進陰戶即刻泄精，與第一次性交的情形相同，心中未免有些失望和恐懼。至第二次，時間支持至五分鐘以上，泄精時覺得很舒暢，全身的神經似被浸在清涼香冽的液中一般，有一種說不出的安適。於是睡了一會，再幹第三次，足有四十分鐘才泄精，心中一歡喜，勁兒更來得足，復聽她那細微喘氣的聲音，幾乎比飲上好的葡萄酒還陶醉得快。而且將要泄精的前後，生殖器動得快，我越覺得快樂，恨不得利用「馬達」幫助它轉動，加以她那嬌啼宛轉，來往簸動，更使我如置身於天鵝絨的電椅上，舒適暢快，不消多說。現在想起來，這種滿足眞比任何滿足都更妙些，「戀愛唯肉論」不可不尊之爲經典了。況且她當泄精過後，立刻用布和我擦拭得乾乾淨淨，這是何等的爽快啊！

嘗過了四次性交味兒，我的性史開宗明義，第一章可告個段落了。現在雖然還不能絜然不想，但爲著健康上、金錢上以及社會的監督，畢竟理智的遏抑戰勝感情的行動，還敢作再度的問津麼？惟有努力於將來的事業上，和留其精神來伺窺愛人的神色，慢慢地尋求個好伴侶，營那更甜蜜的生活才是正路。浪漫生活，不能不就此打住，而且也就夠了。

一九二六年二月二十五日，北京

附記：

這婢女據她說是十八歲，本京人。瓜子臉兒雙眼很流利，常用眼角來望人，身材不十分肨，也不甚瘦削，兩乳和雙臀特別發育，尤其是那雙臀的一顫一動，勾得人春心蕩漾，我便是因為這樣常常看著她，而她又含笑對我表示過數次容納才接近的。說到她的思想行動，因為我們交接時間不多，實不大清楚。不過就我所知，她是不願意主人將她嫁給鬍子伯爺公，她寧意做青年人的妾，過那妾婢生活。她的行為雖不見得什麼輕薄，但也並不莊重，而且無人的地方，則非常輕薄，這大約是她性趣太濃之故。

記得那一晚上，她兩手緊緊地擁抱我的腰，兩乳使勁和我胸膛摩擦，不住地和我接吻，我泄精過後，就沒有勁兒幹第二次，她是很表示失望、不快的。我問她幾歲嘗第一次性交的味道，她不肯說，但她實在不止性交過一次了，她的陰水若和後來遇到的那個暗娼比較，似乎多些，是不是她性趣濃厚的佐證呢？

再說那個暗門子的姑娘，大約有十七、八歲左右，說話是北京口音，不知是否是旗籍（聽說北京的私娼，旗籍的很不少），面貌倒生得不錯，鵝蛋臉，高高的鼻樑，兩眼甚媚，身體很為適中，乳臀兩部也非常發達，陰毛尚未長成。

大凡私娼的行為，都是輕佻放蕩，不遵所謂「常軌」的，不獨我遇到的那個私娼為然也。她的性趣也是一樣，但出於強迫，非其本心罷了，所以我不但看察不出，其實也無須乎。就其表示來考究，她們有時天天有客，故其性趣量都要受到影響而減少。聽說有些私娼一個晚上只能允許客人交媾一次，再多則寧死也不肯呢。

我平時對於社會問題中的娼妓，曾經抱過不少的懷疑，她們爲什麼每有已出火坑，仍願重墮平康的呢？這種人的思想，不知是怎麼回事。所以那晚我問她，如再過十年八年後妳容色衰減，便不能操此業了！據她說因家窮而不得已幹此賤業。何不及早尋一個丈夫或習一種技節，不勝如當暗門子麼？她良久才答：「幹得一時算一時，那時料到後來的事！」一忽兒，她又問我：「你娶親未？」我說未娶親。她笑說何不娶我呢？我說沒有這大的本領，她說反正能養活我就成了。「那麼，姨太太妳願做麼？」我又問，她答得很妙，只要有吃有喝那就成了，管他什麼。就這點看來，她的思想已牢不破地充滿著依賴男子的惡習了！而她那有喝主義，也就是她墮落私娼的一個大原因了。

上面所寫的兩段，完全是憑著極短時間的接觸所觀察出來的，自然不能認爲妥當。所以前幾天寫正文時不想加進去，因爲恐怕觀察得不的確，而且是我個人的私見。現在雖然以記憶力描寫出來，但心中很惶恐不安，因爲以我的經驗來說，觀察對方的性趣等等，實實在在不能勝任。

三月三日，夜一時寫完附記

張競生按語：

大概偷情男子，驚喜交集，以致血液充腦，中樞失主，有時甚至於不能陽舉，即舉也不能持久就要射精。故偷情有好處也有害處，好處在於時時提心吊膽，幸而目的達到，乍接之下，自覺美樂無論。曾記有一段笑話，大略是丈夫喜歡偷情，其妻問有何樂處？他說只在一點「驚怕」，其妻說何不我們來做，於是夫盤牆而登屋，妻即授之梯，切囑勿驚慌至於跌墮。夫聞此便說，我的驚怕心已被妳話打去了，趣味已經沒絲毫存在了……的確不錯，偷情者的確有這個「又驚又怕」的心理。

俗話說：「妻情不如妾情，妾情不如偷情。」這個不但是人情「厭故而喜新，重難而輕易。」乃因偷情者有兩重求樂的地方，一面是恐怕他人知道，一面又驟喜對方的獲得。偷情乃情愛的冒險者，由冒險所得來的物件自然較不勞而獲的爲有趣爲香甜，所以偷情一事，能夠在情愛史中占有一個極重要的位置，並且這個現象在人類才能發生。因爲必要男女雙方同意，而社會又不允許他們正正經經地去做，所以他們就不免於偷情了。

例如本節的主人翁和婢子的事情，實在人類性史中最有趣味的一頁，可惜白蘋不能使勁，盡婢子之歡。故要免卻這層毛病，應於未交媾前先有一番的鎮靜，如飲些茶水與談些情話，使性力更加充滿，然後行房事，自然免至於不戰而逃，取笑於敵人了。

但我常想偷情既然是情史與性史中最有趣味與極關重要的一頁，又幸而僅爲人類所獨占的歡樂。那麼，我們何不學上頭所說的笑話，使雖在夫妻中也能得到偷情的歡樂呢？只

廣　告　回　信
台北郵局登記證
台北廣字第000144號

105

台北市南京東路四段25號11樓

大辣出版股份有限公司　收

地址：

市／縣　鄉／鎮／市／區　路／街　段　巷　弄　號　樓

姓名：

（請寫郵遞區號）

not only passion
大辣

謝謝您購買這本書！

如果您願意，請您詳細填寫本卡各欄，寄回大塊文化（免附回郵）即可不定期收到大辣的最新出版資訊及優惠專案。

姓名：＿＿＿＿＿＿＿ 身分證字號：＿＿＿＿＿＿＿ 性別：□男 □女

出生日期：＿＿＿年＿＿＿月＿＿＿日 聯絡電話：＿＿＿＿＿＿＿

住址：＿＿＿＿＿＿＿＿＿＿＿＿＿＿＿＿＿＿＿＿＿＿＿＿

E-mail：＿＿＿＿＿＿＿＿＿＿＿＿＿＿＿＿＿＿＿＿＿＿

學歷：1.□高中及高中以下 2.□專科與大學 3.□研究所以上

職業：1.□學生 2.□資訊業 3.□工 4.□商 5.□服務業 6.□軍警公教
7.□自由業及專業 8.□其他＿＿＿＿＿＿＿＿

您所購買的書名：＿＿＿＿＿＿＿＿＿＿＿＿＿＿＿＿

您從何處得知本書：1.□書店 2.□網路 3.□大塊NEWS 4.□報紙廣告 5.□雜誌
6.□新聞報導 7.□他人推薦 8.□廣播節目 9.□其他

您以何種方式購書：1.逛書店購書 □連鎖書店 □一般書店 2.□網路購書
3.□郵局劃撥 4.□其他＿＿＿＿＿＿＿＿

閱讀嗜好：

漫畫類：1.□文學 2.□歷史傳記 3.□社會人文 4.□音樂藝術 5.□幽默搞笑
6.□科幻冒險 7.□其他＿＿＿＿＿＿＿＿

性愛類：1.□哲學心理 2.□醫學保健 3.□指南 4.□言情小說5.□成人漫畫
6.□其他＿＿＿＿＿＿＿＿

對我們的建議：＿＿＿＿＿＿＿＿＿＿＿＿＿＿＿＿＿＿

＿＿＿＿＿＿＿＿＿＿＿＿＿＿＿＿＿＿＿＿＿＿＿＿＿＿

＿＿＿＿＿＿＿＿＿＿＿＿＿＿＿＿＿＿＿＿＿＿＿＿＿＿

paris bleu

大辣五月　藍色巴黎

巴黎有一種獨特的藍
沒去過的人充滿想像，去過的人則終身難忘

那是《巴黎鐵塔36景》的藍：白雲、藍天、艾菲爾鐵塔……

36種觀看鐵塔的方法，一個愛上巴黎的理由。

那是《藍色筆記》的藍：一個女孩兩個男生，可以有多少種愛情故事？

一本藍色筆記，可以記載／顛覆多少心情？！

那是《性史1926》張競生的藍：巴黎以性啓蒙了他的法國留學生活，

他則希望以性與美啓蒙整個中國……

dala sketch 001

new

《巴黎鐵塔36景》

36種觀看鐵塔的方法 一個愛上巴黎的理由

安德雷・朱亞(André Juillard)／著 定價$320
菊8開 全彩精裝

本書構想起源於一百七十多年前日本浮世繪版畫大師葛飾北齋（Katsushika Hokusai）之名作「富嶽三十六景」。描繪現代巴黎的景象，用細緻的繪畫手法，勾勒出巴黎各處街景的不同面貌，透露出大城市裡的人際疏離，流洩出豐富的人文色彩。
內頁的編排上，右頁呈現全景彩圖，左頁則以黑白素描手稿凸顯圖像局部細節，並標出該景點的所在位置，而翻看整本畫冊的趣味就在於尋找每幀畫片裡的巴黎鐵塔究竟藏在何處。

dala comic 014

new

《藍色筆記》

愛情的發生，真有偶然與巧合？還是一連串別有心機的陷阱……

安德雷・朱亞(André Juillard)／著 定價$320 菊8開 全彩精裝

作者André Juillard讓三位主角各為第一人稱，如電影剪接手法般地分述相同故事情節，乃本書精彩之處。其畫風線條細緻簡練、色彩柔和淡雅、劇情架構縝密繁複，於1995年獲頒法國安古蘭漫畫展最佳漫畫獎、瑞士謝爾國際漫畫節評審團特別獎、比利時查內爾漫畫節首獎，作者更以此部作品榮獲1996年安古蘭年度漫畫家大獎。

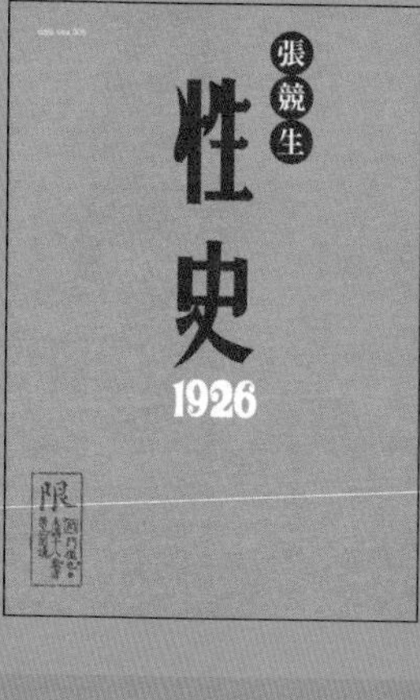

dala sex 005

new

《性史1926》

八十年前，這本書讓中國人魂靈兒飛上了半天…

張競生 編著 定價$280 25開 平裝

1926年，北大教授張競生利用寒假徵稿，收集各大學生的性經歷，出版了一本《性史》，這算是中國人最早的性學報告，比金賽所著的《男性性行為》，還早了22年。正因為觀念太過前衛，第一集出版後馬上引起軒然大波。究竟是淫書還是史料？沒有定論，書倒是越圍剿越紅，在當時保守的文壇以及社會引起一陣筆戰與爭議。
《性史1926》收錄性史第一集與第二集，共計十二篇真實的性經歷，投稿者皆為大學生。他們所描述的內容，有懵懂的性啓蒙、青春期的衝動與自慰的心情；情節上則有偷情、偷窺、嫖妓等等，相當真實的反映出民初時期的性觀念。

要有辦法，這並不是難事。我今就來供給些材料吧。

我們讀《聊齋》到「恆娘」一篇，驚嘆作者於用情方法稍能見得到。有人對於此篇的批評甚得其竅，今抄如下：「恆娘先飾妾使其丈夫寢，是一縱。周旋而拒之益力，使人共稱其賢，是一擒。垢面敝屨雜家人操作，較飾妾又進一層，此為再縱。其夫憐之而使寶帶分其勞，此為再擒。不受分勞而炫妝以見，意思一變，是三縱。歡笑異於平時，漸入佳境矣，是三擒。合扉而眠是四縱，叩關不納是四擒。次夕復然是五縱，僅許一遭是五擒，不許再來是六縱，以三日為率是六擒。乃以私波送嬌，又騣然瓠犀微露是七縱，更於床第之間隨機而動之，因所好而投之，是七擒。至是男人不復反矣。」這個把妻變作情人的方法，凡屬婦人應該努力做去，不管丈夫有無妾媵與外遇及嫖妓等事。若他有此等事，自然能使他回心轉意，移他人之愛為己有；若他無此等事，則能增加他的愛情了。

那麼，男子方面怎樣能使自己變為「情人」？這個也當用相當的藝術方法。我們在上篇說及董二嫂為什麼不愛丈夫的理由了，你若去套「恆娘」篇的筆法說：「余向想娘子之愛情人，為其為情人也，每欲易丈夫之名呼作情人。」我則照樣答案說：「子則自疏而尤女子乎？朝夕而絮聒之是為驅雀，其離滋甚耳。」

我今就來教你把丈夫變作情人的方法：

清晨起來，頭髮修得光光兒，如其妻不喜歡鬍子，則就日日刮得如留美學生的功課一樣勤謹，衣服裝飾也當刻意研究入時，這是第一種縱擒法。

待老婆星眼才開時，就到床邊說一聲早安，深深地親一濕吻就當出去，切不可此時在房中看伊種種的醜狀，尤其是恐怕撞著伊初睡起的壞脾氣，這是第二種擒縱法。

三兩日間才一回同餐，數日就要同伊一同去看電影、或聽戲、或野外旅行，遂於是晚在外用膳（能盛饌更好）。常常買花果、或糖點、或各種玩物到家奉上自己的主婦。當時時供應伊所嗜好的書籍服裝等等，這是第三種的縱擒法。

能分開屋離居更好，否則也要分房，至少則須分床而睡，數夜只有一次同睡。睡前須用種種娛樂的事情使彼此歡喜。於交媾時，應當照我們在上所說的種種方法，弄得彼此美滿暢快，這是第四種的縱擒法。

其妻若有子女時，有錢者應當用管家婆及保姆，無錢者則丈夫應體恤爲母親者的勞苦，一邊對於子女撫養的職任，應該與其妻分擔；一邊又當講求避孕的方法，務使其妻不會受大家庭及子女的拋累，這是第五種的縱擒法。

如其妻有特別的壞脾氣者，當考察其刺激在何處，爲之排難解紛。因其所好而投之，因其所惡而避之，隨機應變，務得其歡心而後已，這是第六種的縱擒法。

倘遇其妻有「情人」，則當偵探其情人擅長何術，爲丈夫者當於此點充分注意，務必超過伊情人的好處。若自持力有所不及，則就放虎歸山，與伊離異，使伊得與情人歡聚。或者伊因與情人長聚而討厭了，一旦回想舊夫的好處，再求重圓也未可知，這是第七種的縱擒法。其它尚有種種方法，不過我們就截止不多談了。

你若說，這樣困難做丈夫，不如勿做。不錯！做一普通丈夫甚易，但要做一個「情人的丈夫」則甚難。你若要過那平常無味，甚且痛苦的夫妻生活，那就不用說了，如你要享用一個濃厚及情景時新的情人化的夫妻生活，則你不免先吃一點苦去研究些好方法。

總之，夫妻若要彼此得到一個情人式的快樂生活，則夫對妻及妻對夫須要各用心力，表示出種種情愛及藝術的手段，如此夫妻間就免有外遇了。由夫妻的生活變爲情人的生活，則由普通無奇的性趣，就一變而爲又驚又愛的偷情滋味了。

我的性史

◎喜連

性欲的初現——我現在回憶不到何年何月，間接推算得知確在八歲以前，五、六歲的時候，我和異性友伴便鬼鬼崇崇地幹了許多同性交的把戲。但這樣的性交，至多不過兩性生殖器接觸，只有性交的形式，並無成熟時期性交的意義與能力。

彷彿記得那時和二三異性玩戲時，常在人跡不常到的僻處，雖然有時也玩著捏泥人，插馬馬……但十有八是玩一種類似家庭夫婦生活情形，尤其興致勃勃的是扮演結婚情形，我便裝作新郎，一個異性是新娘，其餘的是些辦事人員。演到最後一幕，大家便異口同聲說：「天黑了，入洞房吧！新郎新娘睡覺吧！」新郎當時自然是眉飛色舞，喜歡不盡；新娘卻亦自在暗喜，不過外面卻裝出羞答的態度。少不得一人在旁周旋，有時還差一人去偵探有無生人來到。新娘就脫下褲子仰天臥著，新郎早把小茶壺嘴似的具體而微的生殖器，玩得硬膨膨地往新娘小陰戶裡衝撞，不知那時是不得其門而入，還是沒有可能性，只是在新娘的陰唇裡感覺著脈脈溫柔，便算完事。

我這樣的接觸，彷彿有五、六次，接觸的異性也有五、六個，但是我那時卻沒有親眼見過旁人這樣的性交，絕不是兒童的模仿性，我想這是性欲的初現。我從前常常和三二親近朋友談到此事，同他們五、六、七歲時曾否經過此層階段？他們初尙支吾不肯實說，等我把所經過的暢說後，他們亦招實地承認經過此層階段，並且大家都承認八歲以上便沒有再發生過。大概八歲以上，性的意義也簡單明瞭，羞恥心也充分發達，自覺爲不正當，同時性欲衝動亦就潛伏起來了。我現在住的屋裡有三位同學，倒有二位同我表演過的一樣，其餘一位或以交淺未便深問，或以問得不得法，他終於否認這樣的經過。

手淫的習得——十五歲到本鄉高小學校讀書，初去時簡直不曉得手淫是怎樣一回事，但是同屋的兩位同學，已經發現並且成了離不開的嗜好了。一天晚上他們硬要教會我，先讓我仰天仰俯，把腿挺直彷彿體操時立正似的，我也少不得好奇，任他們隨便擺布。他們便在上給我舞弄，記不得初次手淫到底覺得什麼，但他們一連給我玩了幾天，最後終於放氣似的微覺快感而已，但此後我手淫便開始了。

驚奇的發現——手淫雖然開始，有時便覺著無味，好幾天不玩弄，有時不免被同伴誘惑，引起了性欲便發泄一次。這樣平淡無奇過去半年多，有一天白天，一面看書一面舞弄，最後神經過敏似的覺著較大的快感，同時尿道口發出白漿糊似的一點小液體，常常聽友人說手淫是出精的，所以使我猜疑我爲什麼沒精，及至發現這點小東西，實在欣喜而驚奇。這種驚奇的發現，誘得我以後手淫倍於往昔。

第一次性交——十七歲的臘月娶妻。雖然當時也渴望有個異性相伴睡覺，但是生殖器實在沒有發育完成，性的知識幾乎等於零。結婚時的程序一幕一幕地過去了，當天晚上我怕聽房的人聽見關於我倆性的舉動，翌日起來洗澡就打定主意老早睡覺；她呢，她沒有受過一點教育，而且對於性的知識更是混沌，自然也一聲不響地睡去了。

第二日晚上，我要相機行事了，她是遲遲怩怩不讓我擺布，我讓她來我被窩，她既不肯來；我要就她睡，她也不肯接受。我那裡知道不應單刀直入的下手，應先挑動她的情懷，我有些氣了，便不理會她，終於呼呼地睡去了。大約在半夜裡我醒來，便掀開她的被鑽進去了，摟抱著，她仍舊裝著睡覺，我舞弄醒她，她只落得偷偷讓我進去，我摟抱著，握摩著，最大的快感便是通體綿綿地溫柔，乳房緊膨膨地聳著，最惹得兩手不由得不揣摩，同時那貽笑大方的生殖器亦躍躍欲試。她由我擺布，不由得壓在我身下，我一手支著體重，一手向目的地探去，摸揣半響，只揣得半隆而高聳的陰阜，覺得直是稀奇。我讓她指導，她遲遲不肯，但終於找著了，順手往裡一撞，只覺得她全身退縮，同時兩手把我往後一推，這大概是衝破處女膜關口的反動了。「慢些。」不說話的她也說話了，我只知道撞進去，一送一抽，並不知道別有所謂應取的姿勢。她直挺挺地仰臥著，一動也不動，腿也不翹起，沒十分鐘便算了事。

混沌的性交——第一次性交的位置，竟繼續四、五年不暇研究得換個位置。雖有時爲好奇心所驅使，但我老是忸於成見，以爲性交是如此位置的，況日久天長又養成習慣呢。但這樣的位置不能盡量插入，且有時覺得她的下部往上一努一努地想承受未流入的部分，或者其他生理的構造使得她如此，也未可知。我既不知這是不滿足的表示，她亦混沌的不曉得自動變換位置。此四年中，我與友人既沒談到性交位置的問題，也沒有與第二個異性發生性交，更不知道嫖娼是怎麼一回事，所以混沌的把四、五年過去了。

適當的性交——這樣無知識地過了四、五年，我來到北京了。北京倒是眼界開闊點，雖曾經有人批評過這不值一文制錢的《結婚的愛》，我從友人處借來從頭至尾翻閱了，倒得到一點性知識。前年放假旋裡，少不得拿科學家的實驗精神去探索一番，位置的問題是最重要而最應首先研究的。

「請妳把兩腿翹起，我試試看。」

「你怎樣今番回來要換換樣兒呢？」

「從前的樣兒不好，我們現在找個相當的樣兒，是妳我都好的。」

她抿地一笑，很迅速翹起兩腿，兩手把我腰身一摟，我的兩腿也順著落跪在她的兩髈之間。她的陰戶有些向後，仍是不對勁，她也說你的兩腿困累，待要重新探究，精液已不受指揮地自由輸誠。雖沒有試出圓滿結果，但俗語說的好：「新婚不如遠別。」自是一番滋味在心頭。

我已知陰戶向後是應當設法補救，忽又醒悟到俗話罵人有所謂「墊腰」這種事，第二天晚上我便預備了個扁小枕頭，果然墊在腰裡，一來一往，正稱其勢。我又把雙手在她的大腿根處著床，同時她的兩腿高翹，無形間仗兩臂柱石之力減少她的困累，這樣一來，各展其勢，且能使陽物刺探到膣道深處子宮，摩擦而使色情亢進，所謂「興盡」者也，殆指此歟？此雖爲比較適當之位置，我倆最後之採取，然陽物微細，貽笑大方，時不我延，少戰即逝，又有賴於今後之補救也。

附記：

競生先生：

惠節敬悉，前文實多疏漏，蒙先生不棄，復有所垂問而賜教之，其快爲何如乎？深爲致謝！謹答如下：

我自幼生長在山西不滿百戶的鄉村，十五歲時始就縣城讀書。五、六歲時所玩之把戲，當然也在鄉間。

前文所謂適當的性交，不過在我自己覺得略能稍盡丈夫的責任，比較先前適當而已。其實她是十有九不能丟精「盡興」的，間或她對付得法，延長幾分鐘（至多不過二十分鐘），看來不過略略嘗著滋味而已，所謂丟精的大興趣，殆非她所夢及。

我已買得布英尺，量得我的陽物長度如下：

平時下垂長度：三又三分之一寸

勃起時長度：五點六二寸

平時周圍：三又三分之二寸

勃興時周圍：四點六四寸

平時龜頭的周圍：三又三分之二寸

勃興時：四寸

前文匆匆草去，原爲應先生研究而作，今蒙採錄《性史》，感激之餘還望先生將原文修刪。至少先生此次所垂問的，我原文確是疏漏，確有修刪的必要。至於先生對我這樣的詳細指示，我更是說不盡的謝意。復有請教者，即陰具鬆弛，亦有方法補救否？女子丟精似較男子丟精，精神上所受的損失大嗎？

我想適當的性交（即隔六、七天交媾一次，且雙方能同時盡興），男子丟精雖然身體上、精神上都受損失，但女子特別損失得大。信否？望抽暇賜教！

張競生按語：

這次徵求《性史》的結果，而使我們覺得最滿足者，就是我國小孩性欲初現的接觸，許多是由於扮演的遊戲而起的，這個實在有值得注意的價值。小孩於五、六歲時，假設未嘗看過人類的性交，但終究見過禽獸的交合，注意於聽人相罵，如：「肏……屄」等等的話頭，在小孩子聽起來字字有意義。遇有屄時，就要肏了，但最容易得到這個機會就在於「扮新婚」。

在這個兩性均屬小孩子時所玩的把戲，我覺得同時極有性教育的意義。他們於滿足好奇心後，知道交媾（指小孩時期言）原來並無什麼可樂，則就免於胡思亂想了。這種小把戲類多發現於鄉村小孩子，故鄉村小孩有此性宣泄的機會，所以比城市小孩的性欲正當得多。

我閱藹理士《性心理》所說，歐洲小男孩初次的破戒大多被家中的女孩所教壞。我想，小男孩被成年的女傭引誘去交媾，這是何等可惡，好似一隻白鴿被狗咬去，這又多麼可惜。以視我國那些男孩，只與那些年紀相似的小女郎玩戲，那可即不可入的清潔生活，是多麼有趣與可愛的情況。故我希望將來能夠多多得到這樣小孩性欲初動時的證據，這不僅是爲我國的好材料，並且是全地球的好材料，及性學問的好材料。但這種事自然有些不足爲訓的，若能用別種較良善的方法引導兒童不至入於性的僻途，當然更爲我們所贊同。

說及陽具小及陰户鬆的補救方法，爲求男女性互相滿足起見，這實在是不可少的條件。據喜連君所開的尺寸看來，他的陽具並不過小，想是對手人的陰户鬆弛的原故。

救治方法，男女應當時時用冷水洗性部，洗後擦熱。房事不可過度，春藥不可用，洗身應勤行。如此，陽具雖不見大，但可望如硬，能硬雖小也就可以補救些了。至於女子陰户鬆弛，我國女子中恐怕極多犯了這個毛病，尤其一般生過子女的婦人，伊們陰户内一生未曾注射過，洗陰尤不力，身體不好，性趣不發達，這些皆使陰户不能緊扣的原故。

故女子最少於月經完後用水注射膣内一次，平時也當每月注射數次。需常洗澡，每晚尤當把陰户用溫水洗滌，逐漸代用冷水，而用布擦得熱熱的有電氣才休。身體當求健康，於交媾時當具有大興趣。放膽做去，性興一來，陰户筋脈自然能活動收縮，則男子的陽具雖小，也能覺得極合拍了。

女子的陰部幾經幾多性學者研究的結果，見得極活動與極生氣的，它不是處於被動，乃立於主動的地位。有人曾考究得某女子性發時，能將外褲吸入陰户去啊！這可見得陰道筋節具有極大吸收力量。即以子宮説，它也能周旋盤轉，與男的龜頭吸引摩擦，而得到極滿足的性感。大陰唇小陰唇也是一種極靈的招呼機關。最駭人處是陰核内部，和男子陽具一樣，當性發時海棉質膨脹到滿滿的，以便擠緊陰道的作用，故女子能於交媾時得到充分的性趣，則雖陰道多些水液，但它的熱氣及收縮力與各種的攝引性，合起來都能使陽具與陰道彼此間得到極大的和諧。

我們常看了許多書及聽了許多人的話説：謂男子喜男性，因爲屁股比陰户緊扣，這個可見陰户鬆弛是間接助長好男色的原因。但屁股的臭屎味，又無多大的活動力與各種電氣，斷不能與陰户的稍具有生氣者比賽。故請閱者注意，把陰户講究得好，不但男女得到交合的和諧，並且可以鏟除這個變態的、臭味的、無意義的、非人道的，甚至鳥獸所不爲的後庭把戲。

末了，我們在此有一個極重要的呼聲，即是我國數千年來太講禮教，弄到男女性官太縮小且衰弱了。性官小而衰弱對於性趣不必說極大受害，但最要求者是所生的子女不強壯，與性質不聰明，因爲胎的成就乃由卵珠與精蟲的混合，而卵珠與精蟲乃是性官的產生物，性官強壯的，所產生的卵蟲自然強壯，胎孩也就強壯了，胎孩的身體強壯了，精神也就活潑了。故今後爲優生計，爲孩子的性趣計，應該把我們的性官講求得強壯而肥大。

怎樣得到性官的強壯肥大？這個應該從孩童時做起。第一，男女小孩性官部分勿太遮蔽，如南方許多鄉下小孩穿裂縫褲，使性官得與外間空氣接觸，以便養成有感覺性。第二，父母應當經常（能夠日日更好）爲小孩洗性官，洗後爲之摩擦到他熱起時才停止。第三，當用種種方法禁止小孩及少年壯年期的手淫及種種摧殘法。第四，於春情發動期，如女子有月經及男子有精液後，更當經予充分補養的食物，並使他們有適當的運動及性官的衛生和洗滌摩擦法。第五，男女結婚的年齡當延長（大約男二十五至三十，女二十至二十五）。交媾次數當少，交媾時的興趣當十分濃厚。這些事本是極容易實行的，不是如「淫書」鑲狗陽的胡鬧與用春藥的傷身。

至於所問男女丟精有無害處，說已見上文了。

我的性史

◎蘋子

我現在開始來說我的性史了。

但是開頭我得聲明一聲，我現在說的性史是純粹的手淫、夢遺、交媾、同性相姦等等，沒有說到戀愛方面。實在說，在我的性生活中，純粹與性生活和戀愛完全沒有關係。交媾的未必是我所愛的，我所愛的人，我都沒和她們交媾過，所以我的性史中沒有戀愛的成分了。

我先說明我是怎樣的人罷？好，待我先說明我是什麼身分再來說我的性史也好！我是一個年青的男子，今年二十一歲了，而且我正在受高等教育，就是所謂大學生。隔得遙遙的萬餘里以外的福建我的家裡，有一位四年前我的父母替我娶的媳婦在那裡，我是什麼樣的人該明瞭了吧？現在我來說「正史」了。

在我的性史中有兩段，雖說是在我無知無識的時候幹下了的，但是我自問對良心不過，認爲是不道德的，現在寫這篇，就認爲是我的懺悔詞吧！我以往的生活史中，自問對良心不過，被我認爲不道德的事凡有三，關於性的卻占其二。

兒時，有一次我聚伴侶在我家西谷樓上，玩的是娶親的把戲，新郎新娘有兩對，有一位很美的、比較疏遠一點的堂姪女，被一位比我大兩歲的叔伯哥哥占去了。我無可如何，只好要了比較醜一點的一位叔伯妹妹，這又是一對。我們的把戲玩起來了，新娘坐著花轎過來了，坐過洞房吃過交杯酒了，也請客吃過酒了，天黑了睡了，於是新人和我的褲都脫了，我們交媾了，我伏在新人的身上一上一下，但是我的陽具不能勃起，當時那還不會勃起的，不會進到新娘的陰道裡去，而且連位置都弄錯呢！原來我小小的陽具只亂七八糟在新人的肚臍上摩擦呢！這是我性生活的開始，也是上面所說的不道德的事之一。

十一歲時，在一山中的小庵裡讀書，那裡的同學都大過於我，唯我最小了。大大的書房，一間只住三、四個人，我的房子也不例外。到了晚上讀書完了，關上門去睡的時候，我同屋比我都大的幾位同學欺我年小，公然公開地幹起手淫來了。

他們的方法很奇妙，除了用手之外，又用一個陽具般大小的無節竹筒，套在陽具上，一上一下地幹起來。我用驚異的眼光看著他們，於是他們就告訴我，這叫做打手銃，並且教我如何如何打，又說怎般怎般的有味道，最後他們還叫我試試看。我被好奇心所誘，眞的也試驗起來了，那時我的龜頭皮還沒有破，當我把竹筒套上，一上一下地幹了幾下，糟了！痛死我了！一竹筒陽具都是血，原來龜頭皮裂了。如此痛了幾天，尿都醃人的，自此不敢再幹了，這是我手淫的兆端。

兩年後我入了小學，又一次被同學引誘又幹起手淫了，方法是用手，開頭沒有所謂射精，只是孔口有些透明的液體而已。如是有半年之久，有一次我又打手銃，用手動作，正在到了最高度的時候忽然射精了，出好些黃色的黏液，頓覺全身爽然，非常有味。我想這就是所謂陽氣了吧（我處叫精謂之陽氣）！此後我更喜歡手淫了。

我上面所說的不道德的事情，還有一件就是在這小學時期發生的。比我低兩級的一位同學，他的年紀比我小，說實在他並不漂亮，我也不愛他。有一天，他忽然叫我伴他睡，我礙於同學的面子不好拒絕他，只好允許他。晚上熄燈睡了，我們咕咕咕地談起閒說來了，忽然他脫了褲子把屁股往我，我倒奇怪起來，但是那東西被弄大起來了，實在忍不住，也就將就地往他屁股裡送，但是無味得很，再也插不進去，於是不幹睡了。

我手淫得最利害的時期是在中學時代，十六、七歲的兩年幾乎每晚都有，弄得被單都黃黃的，現在想起來尚覺好笑。有時候看淫書，就是白天也背著人在房中幹起來，先也不覺怎樣，久而久之就有些頭昏目眩，身倦意懶起來了。自己看了好些書，明知手淫是有害的，但是那時無論如何也禁不住，只這一次吧！只這一次吧！但是第二次又幹下去了，幹後又非常懊悔。這是很危險的啊！自己的身體不是已經證明了嗎？以後再不幹了！再不幹戕賊自己的事了！但是……說是不幸嗎？其實是幸得很！第二年，我十八歲的正月就娶親，我的手淫生活也就結束了，假使沒有結婚，老那麼幹下去，我想一定是很危險的。

直接眞正地和女人交媾，第一個人當然算我妻子，而且我這半生也只有和她一個人交媾過，除外沒有和第二個女人接觸過，除非在夢中。

我和妻子結婚的那一夜，是我出世和女性接觸的第一天，也就是我初嘗性交的第一次。我妻是處女，而我也是童男，那夜的樂趣是她那半推半就的態度、叫痛的微聲，後來到樂處緊抱我的腰的情景，和我初試雲雨那種急迫而恐懼的心理。我不是文學家，不能把那些描寫出來，總而言之，統而言之，其樂無窮！過來人當然知道，無容我詳說了，以上是我性史性交的一部分。

自結婚後，我只和我妻聚過兩次，一共算上三個月。雖說而今結婚已有三、四年，而那大半的時間多半飄流在外求學，過著孤獨寂寞的生活，另外營求性的生活當然說不到了，因爲我不嫖妓呀！

結婚後手淫絕跡，可是來了一種代替的，那就是夢遺。我的夢遺並不利害也無定期，有時半月餘沒有，有時一連兩三夜都有也不定，但是這種情形很少，若是碰著這種情形，那就要覺得很疲勞的。我夢遺都有夢，夢見和熟人或生人交媾，沒有夢很少很少。

我的性史就止於此了，將來的呢？誰知道！我這篇性史是赤裸裸地寫下來的，都是事實，一點也沒有假造，不過我不長於作文，不能把性寫得生動些、美妙些，這是我不滿意、或許誰都不滿意的一個大缺點，但是這也沒有法子！

附記：

競生先生：

來信收到了，承問各項，答覆如下：

敝籍是福建××縣，果如先生所料，我是鄉間所生的，故鄉是離城七十多里一個山中小村。我之所以要用假名，是想免繞著我的那些古董老先生們的直接視線而已！其實我又有什麼可怕的？

敝女人的「性趣」一層，我很難答覆，簡直說我完全不知道。因爲雖然我們結婚已有三、四年之久，而我在家的時候尙不到三個月，而且每次交媾都是我主動，她只居於被動，我有要求她一定答應（除了她在月經期內），她從來沒有要求過我一次，這大概是害羞和自尊吧？不過在我們交媾中，她也很感興趣的，沒有不滿足。

你所舉的交媾各種情況，我在性書籍中也已看過。我們於此情形很好，沒有不滿足，因爲我很能持久。至於我們交媾過程中的詳細情形，我實在寫不出來，請原諒！

陰陽具的構造，因爲我沒有醫學知識，不能詳細觀察報告。不過以我看過的性書籍對照起來大體是一樣，沒有變態。我的陽具勃起時，大約五寸許，圓徑大約一寸（具系中尺），我的陰毛不多也不少，以上是說我的；至於我妻比我大二歲，今年二十四歲（算陰曆），因爲我們在那相聚不上三個月的時間，都是冬天，我們交媾都是在被中，所以她的陰具構造我觀察不到。她的陰毛，我曾用手摸過，大概也和我一樣，以上是我妻子大略的情形。還有一層，就是我妻子的月經很不調，無奈鄉間無醫生，找不到治療的人。

完了，先生所問的話總算答覆完了，這些是我作上篇文時都沒有想到的，或刪改好再加入或就把此信附於那文之後，都聽先生之便！勞駕之處，無任感謝！

張競生按語：

關於手淫一事，我們擬在另一集作專號去討論。

現在所要說的，就作為蘋子這兩句說話餘波：「實在說，在我的性生活中，純粹的性生活和戀愛完全沒有關係。交媾的未必是我所愛的，我所愛的人，我都沒和她們交媾過，所以我的性史中沒有戀愛的成分了。」可嘆又可惜我們青年的婚姻不自由，以致「夫妻」與「性愛」兩個名詞互相連合不來！

但我希望蘋子不要太灰心，據你所描寫關於性欲的一部分看來，你們夫妻也並不覺得有欠缺不滿足的地方。那麼，就此把性欲講求完善，交媾方法再揣摩，再望你們由肉欲的調和而為精神的調和。幸而你年輕又是聰明人，不怠於情愛的創造，不會永久不能達到。

此外，月經不調確為我國婦女界上的大問題，此病有由於生理不好，也有由於心理不快所得來。治療方法求諸醫生不如求諸自己的衛生，大概犯者於生理方面，應當身體乾淨，陰部更宜力加洗滌，注射陰內尤當多行，另須到藥房購買「子宮頭洗器」。其最緊要的則女子當多作適宜的運動，飲食睡眠也當特別注意，衣服當穿長而且暖者。我國女界所穿的裡衣，多不能保持腰部適當的溫度，故最好應當改為我們在《美的人生觀》上所說的內衣服樣子。

說及心理方面，凡有心意不快及有鬱悶病等皆當力行避免，為夫者當善為勸解，務使伊心地快樂。

但有一事，爲世人所最不知道者，就是「月經」究竟是怎麼一回事？爲什麼它要按期而來？又爲什麼它的來與性欲有互相關係？通常所說，因爲卵珠死了要排泄出來，所以有月經，這是似是而非的解釋。現在已經試驗過有許多婦人本無卵珠也有月經，又有許多婦女實有卵珠但並無月經，由此可以證明卵珠的排泄與月經並無多大關係。

月經的原因，的確尚未得著，但大部分當與「性熟」有關係。「性熟」在禽獸類中爲交尾期，此時雌的陰户發現紅色而且膨脹，稍高等動物如猴則稀薄的血水泄出了。故我們可以說，女子所以有月經，因爲這是性欲的表象，乃因女子性的衝動在此期比平時激烈，血液充湧，刺激利害（特別是子宮）的纖維破裂至於出血。

可是，就上理解，女子應於月經期如禽獸的性熟一樣，比較平時更有嗜好交媾了。不錯，但因人類的怕「血」，遂至一面看經水爲一種超自然的宗教，而使人類不敢侵犯它；一面又看它爲猥褻的髒水，未免不退避三舍。而第三原因，則女子此時性官的湧血與纖維的破裂，生理確實有些不痛快。雖然有些女子在此時對於性欲更加興奮——尤其是健壯未嫁人時的少女，但因此時生理上的困乏，與上頭所說二方面心理的顧忌，遂使人類於月經期間不敢問津了。

根據許多性學者的意見（參見藹理士《性心理》中「性期」一篇），如女子有極強烈的要求，則是經期中也無妨交媾（在期尾時更不怕），並且此時極易於受孕，因爲子宮頸放寬，精蟲易於入子宮内。

但據我國人意見，除女子特別需求外，月經期內實在不必破戒。一因女子性官的湧血，恐怕衝撞，致成險症；二因血的現象確實不美觀，男女性官，滿是紅血，這是何等掃興的事。況且月經期大多數天就完事，過此期後，性趣甚濃，又何必太過焦急呢？故月經期的禁欲，正爲後來性欲濃厚的預備，忍耐此時，正爲取償於後日。

若能知道月經與性欲的衝動有互相關係，則可以由性欲的方法而調和月經的作用了。有說初民於每月月滿時爲男女最喜歡交合之期，所以婦人每月有一次最衝動期，即經水每月來一次的原因，或則假設初民大都於水邊，則每月有一次最高潮期，女子善感動，生機難免和高潮的氣候與風波的掀大互相照應。這個天文氣象，或者與月經每月必來一次有些關係也未可知（氣候與月經極多關係，例如愛斯基摩婦人於冬季嚴寒時多沒行經者）。

及後人類社會的生活日密，與自然的感觸日疏，遂致月經不能每月必至一次。有的因爲食用豐足，性欲強盛，每月竟有二次經水者（一大一小，一顯一現）。有的因爲營養不足或性趣衰薄，竟至於若干月無月經，即行也極稀少者。前的現象，歐洲婦女多有；後的情狀，我國女子犯著不少，由此可以得到調和月經的方法了。月經既與性欲的現狀互相感應，那麼，女子每月能得一次性欲大衝動最爲自然，太多衝動與太少衝動都不是好現象，故我們今後要女子得到每月經期的有定與所來的經水不過多，則當每月使她得到適合的性欲。

我們在第二條性史所說，女子應於每星期中得到一次性欲的滿足（指會丟「第三種水」

而言），於每四次中，當有一次使女子得到性欲比其它三次更滿足，則希望如此每四週中可得到一次大衝動，即每四週中（月圓一次）可以來一回月經，並且希望所來的經水不會過多。因爲每月中，女子既有四次的發泄，則於大衝動的期中性欲斷不會過於興奮，由此出血自然不會過多了。

總之，我們應知性欲衝動乃是月經最重要的原因之一，如能使女子於重量及心理上無大變態，則用性欲滿足與調節的方法，同時能使月經得到極調和的效果。

我將於《美與男女關係》一書中說明將來女子進化必能達到身心俱極美好，而月經可以不來或來則極少，並且究竟於女子身心兩無妨害。

我的性史

◎乃誠

一、端論

競生先生：

我現在很膽怯請求你，假使你計畫的性史還沒有付印，容許給我一些地位。因爲我的性生活和性理想（暫不管它是荒謬不荒謬）從來是秘守在我肚裡，即是與我最有關係的人，也沒有講到一句半句，同時覺得人們也和我相差不遠，或者因爲我不太喜歡談這個題目了，所以別人也從不在面前講起。從此，我便除在書上得到一些材料以外，還保有我最原始的觀念，在這原因之下，我不能不讓你給我一個方便，假使也是你所樂意嗎？

另外一句聲明，我因想用最眞實的內省法記載出來，使得我臨寫時非常不安，我幾乎疑惑我太下拙得不得了。但是我想到人類對於性欲，誰不是一樣，不過有人會抑制，有人抑制得法，有的不爲抑制而又不得法，我便是最後一種罷了，當其也不是與眾不同。話雖這麼說，究竟顧著記載的誠實，我不能不暫且不負責任一回，恕我用一個假名。

二、婚前

我進小學的第一年已經十二歲了，照章的年齡，應該早得六年，那是多麼憾事。我在此追想我性史的開始，疑心和入學有些相關，因爲在我嚴重的家庭裡，似乎沒有一些啓發的設備，但是可又奇怪了，雖沒有受人們的啓示，而我好奇的探索，竟自立了一個門戶。

在五、六歲的時候，我在姨母家，那天是有喜事，所以房子裡的空氣是不均勻的，有幾處人多得太熱鬧，有幾處冷靜得太陰沉。我不曉得爲什麼偏我那冷靜的處境裡，又來了一個親戚的女兒，現在幾乎忘了她是哪家的，我們講了幾句話，我便提出一個有條件的要求：倘使她肯給我摸一摸她的秘密部分，我可以讓她享有我手中的銅元。說著便一手響著錢，一手探過去了。她年紀還比我小，當然沒有想拒絕的知識，但是當我觸到了外輪的時候，有人從外面進來了，我們只好撤手分開。

過了一年，我好像已注意到街上的小孩，當他們罵「你媽的」時，同時做出一個姿勢，大概是把肚子向前突了兩突，因此留下一個印象。那一天我和我的姐姐睡在一被，她比我大兩歲，但是因爲是女孩子家，所以她的性知識更不如我。我在那時忽然想到那種姿勢的動作，便騎在我姐姐身上去了，但是程度還差得遠呢，終究一無成就地失敗了。總之在那個時候，全不是欲念，不過像找一件東西似的，所以過去了，不再留在心上。

那年是十五歲，學校裡放了假，因爲學校和學宮是連的，所以住校的同學，一定要我在那裡過夜。我是走讀的，爲了看祭丁，我便留在那兒了。前半夜，盡是東跑西跑，後半夜累了，他們也累了，大家都要睡，我便在一個空房上睡。他們中間年紀最大的囑我說：「你不要蓋那一張被，那一張被是漿糊好的。」還有幾個同他一陣笑聲，我倒莫名其妙了說：「漿糊了，我能打開來。」他笑得越起勁地說：「看你大本事，能打開它，不要被水槍打壞了。」那時我才知道是關於生理方面的，但是我還只知道「水槍」是一個象徵，而不知道「漿糊」也是一個象徵。

到十六歲那一年，要畢業考了，算學教員是最嚴格，不過他嚴格，我並不怕，倒是同學都繳卷了，我還沒有做成一半，以我平日的好勝心，便覺得非常的難堪和羞辱，全身好像受了壓迫和恐懼，一刻便留不住似的射出了精液。當時就腦子有些混糊，跑出課堂，很不自在，回家換下，才知道和小便時不同，因又悟到「漿糊」這名字，一舉而三反了。不過也得申明，當時雖知道了些，但總不知道自己可以天天製造。

就在那年心裡也起了變化，我經過某家的門口，常常覺得有一個不能磨滅而可愛的影子，便把步伐放慢了。失望和希望占了我的思想，那家門前，我確是看見一位很可愛的女郎，而且不止二、三次。不過到後來，生出一段怪奇的矛盾，心上愈是愛慕她，希望和她一見，待到一見的時候，好像冬天吞了一杯冷水，臉上燒了起來，或者在未燒以前，還有一陣冷的感覺。

有一次人家送我一塊並不很好的手巾，我便想衝破什麼（當時也不知什麼）障礙，勇敢地送進她手裡，假使遇到她，倘使她也有手巾，我便要強制奪了來，假使她不肯給予。計畫完了，便把手巾折好，藏在袋裡。可是這一鼓勇氣，終還不能在見面時露出來。這年暑假到外縣上學去了，那件事才擱下來，實在講起來，又很莫名奇妙，我愛她的時候並不想到性欲，可惜到我想到性欲時，倒對她輕淡了些。

那時投考中學，同考的舊同學，錄取的很多，我卻失敗了。回到家裡，一面是慚愧，一面是著急，不但不願尋親訪友，並且不願和家裡人多談，獨身在書房裡，有一次開始手淫了，得了些快樂，從此便三日二次地工作了。看書氣悶了，就想到自己傷害的方法，但是究竟在那時還並不知道是傷害自己，所以樂於從事。

後來再投考時，僥倖錄取了，恐怕無知的家裡人，還以爲我經過長時期的簡練磋磨或發奮自強所以成功呢？哪裡知道我在那時的損失，眞要縮短了我半生事業。世上賢父母呀，良教師呀，你們常常留心你們的子女和學生吧，切不要讓他們太孤獨了，孤獨就是供給罪惡的環境，同時也是罪惡的象徵。

手淫到中學以後便停止了，間或有也很少很少，那裡有兩種原因，或者也値得紀念。第一種是學校很嚴格，功課方面不要說，那管理方面如每日何時起身、何時睡，平常不出校門、不入宿舍等，都使我沒有機會。同時還有幾個好朋友使生活豐富了許多，那便是第二種原因了。

可惜不在自己身上發泄，便會想到在人身上求發泄。那個中學是純男性，所以我的對象亦只是男的了，有幾個低年級的有趣的同學（有趣，在我的標準不一定是美，活潑、幽默是不可少的）便做我施情的敵體。我對他們體貼入微，照顧周到，只是我沒有粗鄙的欲望，每每在觀念上錯誤了，看成他們是女伴，所以在他們一顰一笑裡，發生自己的喜樂和悲哀，最荒唐的是在假期分手時，灑了許多離別之淚。在假期，更不消說情書往來，春樹暮雲，日長如年，幾不可自持矣。

三、婚後

二十歲才進大學，年假回家，被家裡人強迫結婚了。大概家裡人知道現在大學裡男女同學的，不要節外生枝，多了問題。其實要生問題，結婚了以後更麻煩，何必如此蠢計算呢？我的妻子和我不要說認識，連名字都沒有聽到。我不認識也罷了，連我家裡的人都和我一樣的不認識，那是有原故的，現在不必談到。

我很想結婚以後不和她有性交關係，但是她的容貌和性情，都使我不久就容納了，不久就不自矜持了。婚後三天，開始有生第一次性交，但是方法如何、路徑如何，並沒有先找到。其實在中國現在也沒有這樣的材料，暗中摸索，不自然地結束了。

在蜜月裡，我們沒有什麼旅行，所以在家裡幾乎昏黑了，每日日程上多了一件功課，半個月後，才二天或三天不定。有一次春假回去，除了家裡正經事之外，只容許有一天和妻子同睡，那時的熱情，全要想性交裡發泄了，所以殺賊般的努力，一夜竟至五次（不至不信我吧！），恐怕這樣的嘗試，只有此一遭。但是奇怪，到了次日，似乎沒有什麼影響，不過（我想至少有些關係）不到半月，就發一次大病。所以這樣痴蠢肉欲，不僅全無意義，而且全無樂趣，就是每日或二、三天交媾一次，尚不適宜。以後的事情我不知道了，且不提吧。

四、尾論

我本想記詳細清楚些，但是我覺得這種東西，究竟不宜於印出來公諸大眾，就是這樣簡單記幾句或者已盡夠達到「懲一勸百」的效果。除非是個人作性研究的調查，我還有許多事可以供給，至於此中的教訓，我自己先得了一些小結論，不知他人以為如何？

一、婚前的時期，手淫時並不想到愛情，愛情時不想手淫，與其任他獨自手淫，無寧讓他有愛情的機會。

二、愛情的對象不一定是女的，並不定是同學。所以用交替反射的結果，可以推廣至一切人或一切物，全在指導者的能力。

三、青年期孤獨絕非好現象，應代以充分活動的機會。

四、性知識應在兒童需要時期給予，切勿看得太嚴重了，使兒童不敢直接發問，而反使他採取嘗試與偵探的方法求獲。

張競生按語：

乃誠君的四個結論極好，世人不知性的衝動是什麼，遂至誤認爲它即是交媾出精之謂，殊不知它比此更有極大的意義。

性的衝動可分作兩面：第一，在使內力充滿；第二，爲向外界發展。故可以說這是「生命力」即是「性力」的充實與擴充的表現，故凡屬於射精者，不論它是不是正當，如手淫、各種自淫法、同性交媾、與禽獸交合等，或正當的如男女交合，皆只能達到發展方面的作用。至於保存生命力比較它更爲萬分的重要，可惜世人並不注意！

性教育的責任，第一，在指導怎樣得到「性力」的充實；第二，怎樣使「性力」得到最好的擴充。本來，性的衝動自生下來時的小孩即有，故小孩數月大，即喜弄陰部和別種自淫法，稍長，更不免做出許多自殘的性行爲。故消極上當阻止這些「非法出精」，然後於積極上，一面講求怎樣充實性力，一面善於使用。

性力的充實，對於小孩時，最要的當與異性的小孩玩，但切不可爲成年所教壞。與異性的小孩玩可以得到許多溫存及挑動的情趣，而同時又不至於危險。同是小孩，無論如何親密，甚至於如前所說的至於「洞房花燭」，終不至於衝鋒陷陣，僅於異性間領略不同的性器官與相異的性質而已。

故異性的小孩愈親切，愈得到性的表現，也愈覺得充滿的生活，不至於孤獨而患手淫與種種自殘法及患出鬱悶病。不錯，我也是過來人，知道小孩對於異性不覺得交媾爲緊要，他所要的僅在彼此能夠親近，談談話，握握手，或則說些歪話就夠了。由這個小孩時期常常接近異性的習慣，可以養成到長大時對於異性的接近不至於生邪念。

及到春情發動以後，男女的接觸，於精神上愈多與愈深切則愈好，可是肉體的接觸則當竭力避免。此時應使男女的體力充分向外發展，凡一切屋內體操、野外遊戲及種種工作當竭力進行，使筋骨勤苦，身體發達，而於此時對於性官的衛生尤當十分注意。

我今就來擬一個性官鍛鍊法大綱如下：早晚用腳向前向後左右提足體操若干次，至腳部困乏為止。用冷水洗陰部（陽具或陰户），洗後用軟布擦熱後，男子用臀部活動使陽具向左右轉動，女子則轉動陰部，或做兩腿齊向下蹲的操練，務使陰具覺得極困頓為止。至若男女能游水或跳舞更好，游水和跳舞能使陰部格外發達。

到男女結婚時，每回交媾前，總當彼此互相鑒賞，談情話，摩擦乳頭與陰部，親吻及種種的挑動應該盡量去做，我想能保存房溫而且又能免外人窺見者，則男女應於交媾前彼此裸體，並做上所說的種種，務須等到彼此性欲到極度興奮時，然後交媾。

人類於交媾前最不講究挑情，禽獸於此道上比人類更得法，它們於交媾前，雄的如何與敵人競爭奮鬥，幸而獲勝，尚須把雌的陰部用口或用爪撫弄到膨脹得滿滿紅紅，然後舉事，所以大都一索即盡興，而且易得受孕。及到人類則全不盡然，他們鬼鬼祟祟，尤其是我國的夫婦，平時彼此不交媾，待至交媾時，蓋起被來胡亂做事，男的除泄精外全無它種快感；女的則視房事為婦女強壓的義務，彼此沒精打彩，大都不能盡興，遂至男的常得了濫淫之病，女的則得了性不滿足之病。

男女交合，當然要出精，不過出精的次數愈少愈好，大約壯年男子每星期一次射精盡夠了。此外應當講究善用其性力：或勤功學問，或服務社會，或玩賞藝術，或調遣情懷，總使性力少用於射精，而多用於昇華之一途。

幼時性知識獲得的回顧

◎敬仔

張競生先生「淨觀」：

聽說先生要徵集性史，我想性史可以分作二期：

一是戀愛史，這是成年之後，對於性交的問題已有了相當的知識和衝動，自從曉得男女相悅，以至初通人道（就是像賈寶玉的初試雲雨情），一切情的經驗連結婚生活也包括在內的，便是青春期。

一是性知識發達史，這便是我題爲性知識之獲得的啓蒙期，自人牙牙學語，甫辨雌雄，以至本能發達爲止。

對於戀愛史，我因爲環境的關係，青春期所走的生活之路是循規蹈矩地按著公式一般的程式，風平浪靜毫不操心地度過來，如今是沒有什麼可說的了。至於性知識的啓蒙期，那我既是從一歲二歲三歲吃奶長起來的，自然也有相當可追述的話。

凡兒童所共有的對於自己的本身「從何而來的」一個問題，我大約是五、六歲吧，確曾提出來問我那時尊爲大人們（不是仁兄大人的大人，和對別人低下所謂貴上的大人）的伯母之輩。對於他們的答覆：我是爸爸下溪釣魚時，從溪中拾來放在魚簍裡帶回家的；而我的一位同歲數的二哥，是由要飯的老婆子抱送來的。雖然很是狐疑，但也覺得難於深詰。

後來記不清是幾歲了，也許是細嬸（我隨諸兄弟稱我的繼母如此）生六弟的時候，或是聽到人家生子的消息的結果，居然悟到世間有所謂「媽」也者、「娘」也者，是因爲生小弟小妹妹的原故。然究未明是從何處生出來的，雖然腹臍是受最大的嫌疑者。

這可記得很準確，那時我是七歲了，隨細嬸去作繼女兒，到親生母的外祖父家去。曾與一位年紀相若的表弟玩著，把他的「小鳥」拿出，弄得脫穎而出，與自己的大異其觀，以爲是受了損害，怕得以後不敢見他的面，只恐追究出來。

同年又隨細嬸到她的母家作「回門客」，有機會與鄰居一位同庚的小姑娘相見，由注意她的小便，而查驗過她不凸出而反凹入的出水腔，於是對於男孩女孩的觀念，這才明確地成立了。但是大人社會中之婦人丈夫，到底是怎樣一回事，則仍以爲無非是幼時就叫做男孩子、女孩子，大了便須改換稱呼罷了。

那又是稍後的事情了，曾經聽過人家取笑一個呆子所說：「我娘眞不會打算盤，自家的姐姐卻要嫁與他人，而哥哥又另找媳婦。」的話，私心以爲這正是至理名言，據經濟的辦法，何以反受人取笑呢？不由得暗中自納悶。這並不是說只是不懂周公的禮法，實在是根本上就不曉得人們除了吃飯、睡覺、大小便之外，還有男女間暗中進行的那一套把戲。

八、九歲在村塾讀書，先生偶爾出去了，年長些的齋友，所謂的「學生頭」者，交頭接耳在談論些什麼，我在旁莫名其妙地聽著，知道了一個動作的新名詞，家家小孩子據說自己的爸爸也都是在自己媽媽的房子裡睡覺，而有伯伯的又都在姆姆的房裡，有叔叔的又都在嬸嬸的房裡。這個非偶然的秩序，我如今似乎明白了些意義了。所以人家說小孩的笑話：「爸在房裡和媽打架，媽打輸了，被爸壓下在身下。」我也委實覺得可笑，因爲據我的新知識，凡爸和媽打架，是該用那個新名詞來說的，而那個小孩竟不及此，所以可笑。

在鄉村生活的兒童，最先能夠見到的動物性交行爲，理該是雞鴨的，但雞鴨的這種行爲太匆促了，還不及引起人家的注意，這個優先權，只有讓給狗了。有一天爸領我在街上走，我看見兩隻狗屁股對屁股連著，因爲這已不是第一次了，我早已懂得正當的名稱，就老實地說來。爸說那是狗相咬，我想這是不正確的話，相咬是要用嘴的，但同時又似乎受了暗示，彷彿雖是正確的名詞，倒是不應該說的（在大人們面前）。

對於同性戀愛的事，我卻知道得不很晚，就在這一年中，便聽說過這事了。無非是以爲這也同娶妻生子吵嘴打架一樣的，是長大了的人們自然應有的花樣，絲毫不覺得特別，雖然有點知道是秘密。

從此以後，已無大進步了，不過對於既有的觀念溫熱了些罷了。直到十四歲這一年，情形可大不相同了，家塾中來了一位外鄉寄宿的同學，由他的教示，居然曉得與小便同前程出身的還有一種不叫做尿的，以爲自己沒有過的。

大約是二四八的課期中之一天吧，照例做窗課怕吵，關起書房門，去寫「蓋聞天下事……何則……者也……」有點寫不下去，躺在床下去尋文思，倒沒有尋出來，卻無聊地把小腹下的一根贅物，播弄得怪癢的，不得了啦，渾身一寒顫，趕緊跳下床去，只恐不提防一泡尿，不要弄濕了被褥嗎？誰知倒不是要小便，而木筆花梢，垂珠欲滴，正是「不叫做尿的」漿水。再過幾個月，居然能夠把平時已經聽過而不甚了解的一個專門名詞，歸納到這種動作下，正如《西廂記》所謂「指頭兒告了消乏」的話，從此也不免墜入惡趣了。

這一天是我生平大可紀念的日子，因爲我少時對於性的幾個觀念，是至此才統一的。正午的時候，因爲飯沒有煮得，先生與那位一同寄宿的同學談天，說到某女人因爲未過門之前大了肚子，被男家嫌棄了。我想女子是遲早總會生小孩的，偶而這是未嫁之前，也怪她不著。猶如不會生小孩的婦人，除非是找到靈驗的送子娘去許願求過，無論如何著急，也沒有法子強迫她生；會生的婦人，又如何能禁不住不生呢？

這個疑問在我腦子裡滾了幾滾，到底年紀大了，忽然豁然開通了，悟到從前所謂「打架的新名詞」和「不叫做尿的」必定是與生小孩有密切的關係。不覺暗自點頭，自詡推想力還不錯，不糊塗，有出息，那時我雖不懂邏輯是牛是馬，卻也自然能用三段論法，證明未出嫁大肚是打過架的實據，所以要被休的。這個紀念日是我十四歲的那一年，普通男子所有的最低性知識，於是我也算有了。

張競生按語：

小孩期的性教育確是重要。敬仔是個聰明人，所以到十四歲時就能把生子、交媾、弄精等事聚合一貫。有些澳洲民族生存不知幾萬年了，他們尚不知精與生子的關係，所以每當婦人懷孕時，於感覺孕在腹內活動的那日，偶有什麼物件就說是這個物件來投胎，例如遇狗，就說狗爺來降生，遇鳥就信鳥精相照顧。因此之故，少年婦人雖滿身皆赤裸裸，獨陰户深笠遮蔽，生怕有什麼神怪入陰道内投胎。因此之故，如婦人不要生子者，就在户外指物咒罵，說：「我已是老婦人了，請你勿再來糾纏吧！」其實，這種怪狀我國人都有之，試看送子娘娘的香火興盛就可知了。豈但我國，我親知了許多法國鄉下女子尚有極多相信受孕是由於天使的意思。啊！啊！中外一轍，文野一途，於以見得人類對於性教育尚是一團黑的世界！

小孩的初始觀念，大都起於「他怎麼得來」一問題。許多賢父母，總設法欺騙他，不是說從水邊抱來的，便說是天上丟下，或從旁人抱來，這種欺誑，結果不是小孩不信，而且再進一步的假設，便使他對於父母的欺騙起了鄙視之心；或則就信父母的話——他從別處來的——由此恐怕使他對雙親的親愛會減少。總之，好的性教育當從別的方面入手，不可蹈了昨日的覆轍。

假如有小孩問母親說：「我從何處來？」母親應誠懇和嚴正地答：「你是從我尿道生來的，生時痛苦如刀割一樣，好似你有時尿道不能拉尿一樣的痛苦。」（盧梭也有相似的主張），如此說法或能使小孩知道他來處是由母親的痛苦所獲得，使他一面知眞正的來源，一面對母親更加親愛。

及待長些（大約當十多歲），母親應當向女兒解釋尿道及陰道位置與作用的不同，以及月經的情狀，男精與受孕的關係，交媾的狀況與結果，務使女兒知道生殖器的衛生與未到時期就和男子交媾的危險和拖累。

父親方面應向男孩說明陽具與陰户構造的不同，精液大概在何時來（當同時相度男孩的身體強弱而預定他個人的狀況），精與身體及精神的密切關係，精蟲與卵珠的作用，交媾的適當年齡（如男子在二十五歲後，女子在二十歲後），與其狀況及方法。

此外父母對於子女都應告誡他們手淫的摧殘身體與精神，未到時候與不正當的交媾，於自己及待對方人的不道德與缺乏美感。並應說明男女之愛，無交媾時，愈覺得其親熱與有詩意，及後則詳論男女精液的保存，與不得交媾時的衝動及懷想可以昇華爲一切思想及科學和藝術的結晶。

總之，父母者常使子女知交媾確是一件極平常之事，並無神秘，並不稀罕，而又須使其知道在何種情況下，交媾就需要，在何種情況下，交媾就不需要。這些教訓，可以免卻男女小孩對於性的種種妄測及非爲，與種種不正當的試驗，及對對方人的殘虐和種種極可怕的驚駭（如初次月經及精液來時的驚駭）及不衛生。

末了，再說一件極爲有趣味之事，就是「陽具」、「陰户」、「交媾」三個詞語，本平常無奇，但因爲避忌起見，從我國各種方言中及文字上，每個字可以得到數百種不相同的稱呼。爲藝術上起見，稱謂愈多，愈覺有美趣，可惜有些因名不正而致於離開事實太遠，及使人覺得此中玄之又玄了。

贅語

張競生

這部《性史》居然出版了。每篇各有它相當的價值，凡中學生以上及一般成年的普通人應該給他看，看後定然有益。少年人最易犯的是過度的手淫及種種不正當的出精，北京某著名醫生他不知親手診過了多少少年死於摧殘自己的性害之下。每見少女春消，弱男神倦，癆疾襲來，肺病之下，可嘆有用的青年，便葬喪於五指之中。

這個罪惡都緣於不知性學而起，這是一種；或則營兩性的生活，恣情縱淫，以致雙雙埋葬於欲冢之中，這又是一種；有則男女雖經過了若干年的聚合，但不知性趣是什麼。尤其是女子方面，懷恨難訴，諸病叢生。男因此不能盡歡，遂不免外遇，或嫖妓，或置妾，這又是一種；其他尚有許多罪惡，都因不知性學問而起。所以我們這項公開的研究，即在希望把這些性的罪惡竭力鏟除，而代替了一個極有利益與極有興趣的工作。

因此，我們懇求世人供給我們如此集所登的普通性材料外，並且特別地供給我們一些專件：如手淫、男色、同性愛、獸交及各種變態的事情。此外，女子方面的身體、性官、性欲及性心理，更希接觸者代爲詳細的描寫，娼妓與相公也極希供給我們極多的材料。

這第一集匆率出版，許多好文字不能加入，至爲抱歉，尙待次集發布。至於競生個人性史本極平庸無奇可錄，但既承許多人所注意，待在後來某一集中自當寫出領教就是。

性史1926

第二集

我之性生活

◎SW生

在今日虛僞的道德、殺人的禮教尙未打破的中國，要赤裸裸的寫我的性生活，恕我不能不署一個假名。

實在男女交媾，人之大欲，誰也不能逃過這一關。可恨自古以來的大聖大賢，一方面提倡生育，說甚麼「不孝有三，無後爲大。」一方面又把交媾一事，諱莫如深，說甚麼「床第之言不踰閾」、「中冓之言，不可道也。」把造化所賜予，很自然優美、天經地義的一件人生大事，只許盲人瞎馬，暗中摸索，不肯公開研究，明白宣布。唉！可憐數千年來，造成了恆河沙數的癡男怨女、曠夫愁婦，使他們得不到豐富的、滿足的、愉快的性生活，啞子吃黃蓮，說不出苦處。

我們生在現代，應該視男女交媾是很神聖的、很科學的、很藝術的，希望男女兩性間，對於性的生活，豐富滿足而且愉快。青年男女們！快起來罷，大家打起精神，來討論這個性生活的大問題。

閒話少講，且把我二十年來關於性的生活，分成三個時代，詳細敘來。

一、情竇初開時代的生活

我是一個富於愛情的人，尤其對於女性，最容易觸動；又是一個性欲旺盛的人，所以在童齡時代，已覺得男女之間，有這麼神祕而富有趣味的事情。

記得十四歲那一年，我在鄰家的私塾讀詩經，一間面積不到六方丈的斗室中，排著五張桌子，中間一張是先生坐的，打橫四張是四個學生坐著。先生有個長女，名叫亨寶，每天上午，也進書房來坐在先生桌子右邊讀孟子。那年亨寶是十三歲，黃鶯般的聲音，非常清脆；玉筍般的纖手，非常白嫩；芙蓉般的面龐，非常姣豔。上午她在書房中，覺得空氣調和而活潑，先生鐵板式的面孔，也不覺得可怕了；下午她出了書房，便覺岑寂陰鬱，暮氣沈沈，昏悶得要死。

每天十點鐘的時候，我走到先生桌子的左邊，背了熟書，先生就教一段新書。我站的地位，恰巧和亨寶打個照面。先生講到「有女懷春，吉士誘之」等句，往往囫圇吞棗的滑過，我似懂非懂的聽著；亨寶也悉心靜氣注意她父親的口講指畫。在有意無意間，四隻骨溜溜的小眼睛，往往交接成一條直線。

如是經過了幾個月，我和她也講過了好幾次話，有了食物，也互相分些吃，並且買了許多做書條的彩紙送給她。於是我和亨寶的感情，漸漸濃厚了。

先生每天四點鐘時候放了夜學，便到一壺春去喝茶，喝罷茶，又到公和興去喝斤酒，須到上燈的時候，才得回來。我因和先生是貼鄰，師母又很歡喜我，所以放了夜學，三個同學都回去了，惟我常常逗留在書房中和亨寶玩耍。師母很忙碌，除了燒飯洗衣外，常在房裡伴著小弟弟，並不來監督我們做些甚麼。

一天，大約在二月裡罷，春意綿綿，春氣融融，天地間的萬物，都有一種活潑的生機。我們倆攙了手，走到後門口的一條長衖堂裡，掘土挖泥，分栽雞冠、鳳仙、秋葵……

等草花。工作了一回，疲乏了，便在旁邊坐著。

忽然亨寶向我道：「S哥哥，你愛我嗎？」我連忙答應道：「亨妹妹，我愛妳，倘使妳也愛著我，我自然也更愛著妳。」她聽了我的話，不置可否，只對我嫣然笑了一笑。從此我們倆在沒有人的地方相見，總是很親熱的哥哥妹妹相稱呼。有時輕輕捏著她的手，她總對我微微的一笑。

又一天，大約是六月底的傍晚，一院梧桐，枝葉扶氈，非常涼快，我們倆並坐在綠蔭底下。那時寒蟬止鳴，萬籟無聲，我的心弦卻跳盪不已，與其說是我第一次的非禮越軌舉動，不如說是我第一次直接感覺著女性肌肉之美。

當時，我情不自禁把一隻右手勾搭在她的頸項上，兩人默默無言，目不轉瞬的注視著，面上微露著笑容，心頭湧上不可抑制的狂熱。一分鐘後，我的手越勾越緊，她的面龐，也漸漸和我的面龐貼近了。終於我的上唇，對著她的上唇；我的下唇，對著她的下唇。把舌尖徐徐的伸進了她的口腔裡，覺得又潤滑、又滋嫩。端的「丹唇外朗，皓齒內鮮。」她也略不抵抗，任我親了一個長吻。

這天我恐怕家裡的母親望我，不敢任情放肆，在六點鐘時候，就離了亨妹妹回去。明天放了夜學，我們倆依舊躲在人跡罕到的長關堂裡，繼續溫那甜蜜的舊夢。

這一天的成績進步了，我不徵求她的同意，突然把她穿的一件粉紅條子的洋紗衫輕輕解開來，她也不嫌唐突，把酥胸漸漸貼近我。只見她像藕頭一般白嫩的肌膚，潤滑的可愛。兩隻小乳，微微有些隆起，好像一個扁平的湯包，雖然不盈一握，卻很玉雪可愛。當下我摸弄她的乳頭，心上熱霍霍地，坐也不好，立也不好，一陣陣說不出的似癢非癢，似痲非痲，難以言語形容的感覺。她呢，身體不自持似的搖擺了一回；嗤的一笑，便也不用介紹，自動的輕輕握著我的生殖器。那時，我才覺得我的生殖器，已硬得像一枝短蠟燭。我索性把她的手伸進我的褲子中，使她直接握著，免得隔靴搔不著癢處。

我一手抱住她的背，一手放膽伸進她的褲子中，探索她的生殖器。咦！兩片嫩肉，夾著一條小縫，真是神秘呀！我把手指不住地在她生殖器那條神秘的縫上，撫摸了好一回。奇怪呀！她被我這麼一弄，那小縫裡流出了少許像唾沫一般滑膩的水，沾著我的手指。

這樣擁抱了一回，撫摸了一回，終於色情之神驅遣我，竟不待理智之考慮，把她的褲子褪了下去。上面我的舌頭，伸進了她的口腔；下面我的生殖器，刺在她的兩股間，也不暇去擇陣地排陣勢，就鹵莽的開始接觸了。這樣無的放矢的觸了十多觸，雖然未見好處，卻也十分舒泰，於是就草草終場。

後來我們倆常常玩這把戲，或立著弄，或坐了弄，或躺在草堆上弄，但是我們倆年齡還小，生殖器官沒有發育完全，雖然性欲旺盛，究竟力不從心。所以任你左弄右弄，橫弄豎弄，一個兒是雙扉緊閉，依然白璧無瑕；一個兒是門外衝突，依然未升堂奧。

這一段是我初戀的秘史，事隔二十年，未經宣布。至今亨妹妹已「綠葉成陰子滿枝」矣，回憶舊情，心頭小鹿兒還跳動不已呢。

十五歲那一年，父親叫我進小學校。雖然心上不願和亨妹妹離別，但其勢有所不能。朝出暮回，我們倆有時在門口相見，互相一笑，心頭會意；除此以外，再也沒有接近玩耍的機會。我的天資，本來不管愚魯，只因在私塾裡鬼混了好幾年，把我的本能漸漸汨沒了。自從改進了學校，插進了高年級，功課多，同學也多，並且有比較、有競爭，所以我很用功。歷時既久，事過境遷，和亨妹妹的戀愛熱情也自然漸漸淡薄了。

我在十五歲時，身體上顯然有些異常的變態，便是生殖器上生了幾根毫毛，乳頭上有些微癢，聲帶也覺得有些變化，因此我曉得自己已經發身了。

我家是舊式的屋子，面積很大，間數也很多，因爲自己人少，便招一個房客居住。那個房客是夫婦兩人，抽著大煙，養成了懶惰的習慣，終日深居簡出，只在房間裡躺著。蓄著兩個風姿綽約的婢女，一個年在二十歲左右，名叫興來，態度淫蕩，很是風騷；一個年在二八，名叫春蘭，嬌小玲瓏，活潑可愛。

那年夏天，兩個婢女常和我一同在庭中乘涼，三個人年齡相差不遠，打熟了，自然會走到情欲的路上去。我看上了春蘭，興來卻看上了我。

起初，興來引逗我，在沒有人的時候，握著我的手，故意把自己的上衣解開，酥胸微露，中間縛著一角粉紅色的抹胸。那時我見她有這樣的盛情，自然卻之不恭，受之無愧。並且老實說，自己也被引動了色情，按捺不住，便不由分說，把她的抹胸解了，兩手就摸著她的兩乳。

她那兩乳，很是肥大，好比山東人吃的特裝大包子，比亨妹妹的兩乳，足足大了五、六倍。乳頭是平平的，摸弄了一下，就忽然突起來，好像半粒新鮮的蓮子頭。我覺得亨妹妹的乳，小得有趣；興來姐姐的乳，大得有趣，各有各的妙處，正不能判斷誰優誰劣呢。

她被我摸了一回乳，欲火上升，騷癢難忍，顧不得什麼，把舌頭就塞進了我的嘴裡。我自然也很有趣，把牙齒咬住了她的舌頭。這樣弄了一回，她竟不能支持了，拉著我，走進她的臥室裡。那間臥室，黑越越地很是害怕，暗中摸索到了床邊，她脫去一隻腳管的褲腳，躺在床上等著。我也急忙把生殖器請出褲子，登上床去，伏在她的身上。她立刻握著我的生殖器，向她的陰戶頂住。我只輕輕的一送，小龍頭已全體鑽了進去，只覺得裡面濕津津，熱烘烘；外面毛蔞蔞，軟綿綿。我抽動了幾十次，那生殖器就軟縮了舉不起來。

爲什麼呢？一因恐怕我的父母覺察，或是被她的主人窺破鬧出亂子來；二因我的心裡雖然也很愛興來姐姐，但她年紀比我大，身體比我高，我見她也有些害怕。恐怕的念頭一動，生殖器就不受駕馭，軟了下來。

以前和亨妹妹玩這把戲，因爲不得其門而入，所以不覺得有十分妙處；這一回和興來姐姐玩這把戲，雖然不費氣力的能夠登堂入室，也未見其有什麼快感。自此以後，興來姐姐時常引逗我，我有時迴避，有時胡亂的和她弄一回。

我從小就富於好奇心，並且也很有試驗的精神，既然看上了春蘭，必得嘗試一下，才能滿足我的希望。

一天晚上，我曉得興來姐姐在太太房裡，伴著裝菸。客堂裡鴉雀無聲，寂靜非常。我想機會不可錯過，就神不知鬼不覺的走進了春蘭的臥室，縮手縮腳地走近她的床前。側耳一聽，微微有些鼾聲，知道她已睡著了。

起初，我坐她床邊，很冒昧的親了她幾個吻，脂粉香氣，令人麻醉。她把頭頸微微搖了幾搖，依舊鼾聲不息，後來我竟色膽如天，並頭睡了下去。慢慢地把被頭褪開，探手一摸，察得她上身是著了睡衣，下身卻赤條條地一絲不掛，於是我把她上衣的紐扣輕輕解開，一手就握著她可愛的乳。

那兩隻乳又潤又滑，好像半個打足氣的小皮球。端的是：「香浮欲動初含露，粉滴才圓未破瓜。」若用比較的判斷，亨妹妹和興來姐姐的兩浮，未免都有些美中不足：一個是不盈一握，嫌其過小；一個軟如新絮，嫌其太大。春蘭姐姐的兩隻乳，在不大不小，不硬不軟之間，可稱爲「玉乳的黃金時代」。握在手裡，不輕不重，不多不少，恰恰一手飽滿。

這樣摸撫了一回，她依舊不醒，我便分了一隻手去探她的生殖器。天呀！這樣的寶貝，誰見了都要動心的。兩片潤滑的陰唇，高高聳起，柔若無骨，豐若有餘，比那亨妹妹的當然要飽滿得多，比那興來姐姐的軟如新絮，淨而有味。在那時候，任你是坐懷不亂的柳下惠，秉燭達旦的關雲長，也禁不住欲火上升，魂靈兒飛上半天。

我一手把中指在她陰唇的縫口，微微觸著；一手把自己的褲子解開，生殖器也勃然的挺了起來。當我想爬上她身的當兒，春蘭忽然很驚惶的醒了。我怕急呼喊掙扎，一面甜言蜜語地安慰她，一面嘴對嘴把舌頭送進了她的口腔，不住的抽送。同時已伏在她的身上，把生殖器塞在她的兩股間，盲人瞎馬似的亂撞。好在我們平日心心相印，早已默許，所以她憑我擺布，一毫不抵抗。

這樣亂撞了一回，覺得並未入港。我一手探著她的桃源洞口，便扶住生殖器，想用力頂進去，頂了四、五頂，她身體略一轉側道：「輕些。」我聽了這一句話，又驚又喜，驚的是恐怕她熬不住痛苦，叫喊起來；喜的是漁郎已入渡口，行見峰迴路轉，豁然開朗。那龜頭上好似箍著一個很緊的圈兒，正想再頂上幾頂，使入幽谷，一窺全豹。不料歡樂未盡，好事多磨，忽被護花使者吹熄了我們的欲火，打斷了我們的工作，不得不急忙縮手縮腳的走下床來，抱頭鼠竄而去。

你道是甚麼原故，使我不得不中途而止？方在入港之際，忽聽得對面房裡一聲巨響，接著，又是一陣腳步聲。蓋興來姐姐裝罷了煙，收拾清楚後，將走過來睡覺了。如果被她覺察，妒火中燒，必定叫喊，所以不得不作罷。嗣後雖然想煞春蘭姐姐，但終於沒有機會溫那失了之舊夢。只得偷偷摸摸在無人處，接一個吻，抱一會腰，摸一把乳，聊泄欲念。

一年以後，房客遷居了，她也離鄉進中學了，那春蘭姐姐不知落於誰人之手，享受菡萏初開之豔福。唉！好事未圓，千古遺恨，或者好事在將圓未圓的時候，最耐尋味。譬之鮮花，含苞待放，見者魂銷；若已爛縵芳菲，宣泄無遺，則味同嚼蠟矣。

二、初婚時代的性生活

我自進了中學以後，生活一變。校之周圍，空氣優美，環境佳良。雖然同學間不少有互尋配偶，發生同性戀愛的笑話，而在我卻處之泰然。偶或花晨月夕，或午夜夢迴，懷念亨妹妹的姣與興來姐姐的蕩、春蘭姐姐的媚，也不免要手淫幾次。但日間總算循規蹈矩，安分守己，一本正經的讀書，未嘗胡思亂想，欲火上升。所以在這幾年中，平平過去，性生活的歷史，簡直無甚精彩，也不必浪費筆墨，多占篇幅了。現在且敘述我結婚以後的性生活罷。

二十三歲那年的春天，我和素娟女士結婚。我和她在未結婚前，已相見過幾次。這天在旅館中行婚禮，儀式很簡單，所以並不覺得疲勞。夜間十一時後，已經諸事停當，只等吉時開鑼登台演唱了。

我想這一天是天經地義，名正言順，當然無須客氣，要實行所謂「周公之禮也」。自然做新娘的第一夜，誰也多少有些害怕，總不能脫得赤條條地，和莽男子睡覺；或者也是一般女子的普通心理，以為這些解衣脫褲的義務，總要丈夫效勞，如果不如此，不足以見女子的驕矜。

我的習性，喜歡先摸乳，再探陰。當下，我自然按照順序，自上而下，先解開她的緊身短衫，然後再解開縛胸的小背心。那件背心，密密的一排紐扣，足足費了一、二分鐘才得解完。我先摸住她的乳，好比兩個剝光的雞蛋，潤滑得有趣，雖然比不上楊貴妃的「軟溫新剝雞頭肉，潤滑猶如塞上酥」，卻也有幾分似處。弄了一回肉乳，香了一回面孔，接了幾個長吻，依著自然的步驟，最後一著，誰也猜想得到要探得陰山，直搗黃龍府，與夫人痛飲了。

我不慌不忙，解開了她的褲帶，探察生殖器的形勢。那兩片豐潤而隆起的陰唇，和春蘭姐姐差不多，只是這上面，生著幾根疏疏落落的毛，像熟絲般柔軟的有趣。我探著虎穴，便開始盡我應盡的義務。她呢，直僵僵的躺著，兩腳並緊，不肯分開。我的生殖器已急不擇路，在她陰唇邊，頂了幾次，頂不進去，只得狂抽了一陣，就忍不住泄精了。

過後思量，我們第一次交媾，不能一矢中的直入虎穴的原因：一由於她的腳不肯分開，陰戶不能顯露；一由於我的生殖器硬度不甚高，不能衝破她的防禦線。若然，則緣於平日多手淫，斷喪過甚的影響。

這天我們是熄了電燈睡的，一則恐怕外面有人窺探；二則她害羞，不肯給面部的表情我看。過後，我問她這一夜的心理狀態怎樣，她說：「雖然不免有些害羞，心裡卻很情願受你玩弄。」直到第三夜，才覺得射進了二分之一，被褥上發見了幾點殷紅色的斑點，至是始眞的破了瓜子。

嗣後，我的性欲程度很亢進，夜間總要交媾，多至三、四次，少亦一、二次；夜間不足，或且繼之以白晝。時間短的，不過四、五分鐘，抽過也不過幾十次；時間長些，可達二十分鐘左右，或能抽到四、五百抽。但是她總是文文靜靜，直僵僵的躺著，不聲不響，任你動作。

起初我覺得也很有趣，但後來漸漸不能滿足我的要求，因爲不能盡興，所以不覺得十分愉快。現在我問她，她也說當時非但並不感著十分的有趣，或者還覺得很是痛苦。所以你要弄，就給你弄；你不要弄，也不要求你弄。這是什麼原故呢？因爲我們不能鼓起興趣，並且守著一成不變的舊法，雙方不能出奇制勝，用全力交戰，所以得不到快感。

一年以後，她生了一個兒子，那時我對於她，非但不歡喜，並且有些厭惡。因爲腹部的肌肉，鬆而且寬，不及以前的緊張，交媾時已失去彈力性，並且陰戶太大，抽送時很寬泛，更不易引起快感。因此夫婦間感情，漸漸淡薄了。

三、嫖妓時代的性生活

因爲她不能滿足我性欲上的要求，於是不得不另闢蹊徑，物色良才。最有選擇、最擅戰術，而且道路最便捷、時間最經濟的，莫如妓院。我雖然也知賣淫婦女十之八九染有梅毒，涉足妓院，殊多危險，但終於理智戰不過感情的衝動，毅然決然的嫖妓了。

我嫖過的妓女，不下二十多人，那些生殖器雖然大同小異，可是因年齡關係、體質關係、愛情關係，也有種種的不同。就陰戶論：或深或淺、或寬或窄、或肥或瘦、或光或毛；就戰術論：或動或靜、或上或下、或側或正、或以逸待勞、或出奇制勝，大有變化。因此我得到不少的教訓，學會了許多法術。就中我覺得最暢快、最滿意，令我念念不忘的，有下面三個：

一個是在B城中的銀媛，年紀比我小六、七歲，身體比我短一呎至二呎，但是肌肉很緊張，體格很堅實，尤其是臀部的肌肉，特別肥壯而發達。外形雖然短小，但重量足足有九十多磅，確是一員短小精悍、銅筋鐵肋的戰將。

開始交媾時，她平平正正的躺著，兩腳提了起來，夾在她的腿上。生殖器插進她陰戶時，起始也還有些困難，她扶住了慢慢送進去。可半分鐘，全部入室，我就開始抽送，由輕而重，由淺而深，由慢而快。這是自然的動作，也不用多說，她卻能運動著臀部，迎合我的生殖器，翕張自如高低合拍。我抽送了百餘次，酣暢已極，索性不動，用力頂住她的花心，等她獨自動作。可愛呀！她有這麼一套絕技！上下左右，輕重疾徐，升降迎拒，處處周到，幾乎有孔皆入，無微不至。

我運動了一回，乏力了，她繼續抽送；她抽送了一回，乏力了，我又繼續運動。這樣足足弄了一個鐘頭，才泄了精，不得不偃旗息鼓，棄甲曳兵，終止交戰。至此我始知女子的生殖器也有活的、動的，應當自主的，不應常為被動的。

我們面對面，嘴對嘴，抱著睡。睡到半夜，又大戰了一回，可是沒有泄精。到了天明，又戀戀不捨的抱著她再弄了一回，這一回的交媾，酣暢愉快，可說是「自有生以來，未之有也。」

一個是在W城中的老三，她是中等身材，年齡在二十左右，擬眉淺笑，媚態橫生。蓦然相見，已令人心花怒放，愛不忍捨。

定情之夕，絕早就非正式的前鋒接觸，起先在正面抽送，不緊不寬，不乾不濕，恰到好處。她呢，分開了兩腳，抱住了她的臀部，把子宮向上迎湊，頂著花心，我既暢快，她也適意。我在酣暢的時候，幾乎把生死置之度外，用力抽了七、八百抽，直弄到虛汗淋漓，氣息喘喘，才告停戰。

我們隔了一會，吃了些點心，又整軍經武，重振旗鼓，正式肉搏。這一回我們要延長時間，交戰的方略改變了，各用左右兩翼的奇兵接觸。我側臥著，她把陰戶套住我的生殖器，上面的一隻腳，伸在我的臀部上。我不住的抽送，她不住的迎接，且把陰戶運動著，由緩而急，由輕而重。兩片陰唇，上下左右，四方擦摩，或緊或張，變化多端，直令人心旌搖搖，麻醉酥軟。

被她弄得騷癢忍不住的時候，又伏在她身上狂抽了一陣，尤其是在將要泄精的時候，其暢快不可以言語形容；她在十分適意衍暢的時候，面部也表出種種淫蕩騷癢的態度。這一夜斷斷續續，弄了三、四個鐘頭，雙方筋疲力盡，不得不罷戰。

一個是在S城中的素蘭。起初，她闖進我的房間來，招徠主顧。我見她姿色平常，不甚當意。誰料我雖無意，她卻有情，和我大談其家鄉的掌故，和流落的情形，頗有一見傾心之概。我敷衍了一會，很有些厭惡，她只是不肯走，直到下了逐客令才悻悻而去。

後來連召了幾個，都是每況愈下，一個不如一個。不得已，仍叫素蘭，聊解岑寂，豈知「以貌取人，失之子羽。」百戰將才，幾乎失之交臂。且慢！她的貨色究竟怎樣道地，工夫究竟怎樣熨貼呢？哼！你若嘗過了這件寶貝，管教你「餘音繞梁，三月不知肉味呢！」

當她第二次進來的時候，一變而爲淫蕩輕狂的騷態。不顧什麼，不問情由，就擁抱著我接了一個長吻，這樣熱烈而隆重的見禮，已把我先前不入選的念頭，打消了一半。及至她以酥胸示我，握著玉峰時，恰在大小軟硬之間，適合我的脾胃。於是先前揮之門外的心理，一變而爲掃榻以待的迎接。等到擁抱著交媾時，端的令人魂靈兒飛到半天，五體投地，一生甘拜石榴裙下了。

那陰戶的妙，翕張迎送，擺動摩擦的按術，精嫺巧妙，不用說了。正面交媾時，她兩腳高舉搭在我的肩上，兩件寶貝，好像天造地設的一對，鑲嵌在中間，不多不少，不寬不緊，恰恰飽滿而頂著花心。兩人的動作，互相呼應著，我送，她迎；她抽，我拒；我頂在裡面運動，她轉輾承受。雖然淫水很多，倒不覺得寬大。她又有一種倒交的絕技，緩急輕重，疾徐高低，抽送比男子得法而爽快。尤其會發出淫聲浪語，鼓動趣味：「哥哥！好哥哥！我不要命了，射死我了……」似連珠砲的狂喊著。

我們眞是棋逢敵手，天翻地覆的交戰。抽送的聲音、叫喊的聲音、檯凳振動的聲音、臥床搖動的聲音，聲聲並作。我呢，已經閱人多矣，生殖器泄精的遲早，能夠自己操縱；並且女性對於性生活的心理，也略略研究，所以大獻身手，盡力討好，便使滿足需要。

這一次的交媾，不但我覺得酣美、爽快、舒暢，在性生活的歷史上開一新紀元；就是她，也弄得死去活來，丟了好幾次精。總計大小十餘次，或攻或守，乒乒乓乓，自半夜直戰到天亮。只見她星眼微張，杏口半啓，疲乏已極；我亦手腳酸軟，氣吁喘喘。二人擁抱著睡了半天，才得起來。

二十年來，衝鋒陷陣，雖遇不少強敵，然未有屢敗屢戰，愈戰愈烈如城中素蘭的，撫今追昔，髀肉橫生矣。

這樣猛嫖濫交了好幾年，自然身體大受影響，發生病的現象。起初，患白濁，後來染初期的梅毒。費了許多金錢，經過了許久時候，並且飽受了許多痛苦，才把那可怕的病症醫好，可算得樂極生悲了。少年時代，涉足花叢，多麼可怕啊！

自此以後，漸漸懊悔覺悟，返本還原，仍與荊妻重修舊好。我因閱歷已深，技術亦精，爲要維持感情的不替，滿足性欲的需要，在交戰術上大費研究的工夫。

我把嫖妓所得的經驗，一古腦兒都教給她：什麼倒交、側交，和臀部運動、陰唇翕張，以及淫聲浪語，形形色色，怪怪奇奇，總之，要她一改從前的態度。從前是死的、麻木的、被動的；現在要變成活的、生動的、自主的。夫如是，既足以鼓動她的興趣，亦足以滿足我的需要。

現在頗有一個自然的規律：交戰的次數，不及以前多，而時間卻比以前長。每月中少則一、二次，多亦不過六、七次，可是每次的時間，總能延長到二十分鐘至一點鐘。交戰方略，也時時變化，不拘成法。因爲這樣一改造，陰戶雖然寬大，卻可用種種方法，直搗花心；淫水雖多，只覺得潤滑而痛快。抽送之時，自高而下，自遠而近，總求徹底而熨貼。用力猛而其勢急，用志專而其精凝。

總之，不交則已，交必淋漓盡致，變成浪子蕩婦的行徑。這樣的性交，我認爲是正當的，是合軌道的而適合於性學的意味、藝術的方法的。

我半生的性生活，至此將敘述結束。唉！時光易逝，人壽無多；快樂生涯，能享幾何？雖說披堅執銳，老當益壯；其如人事卒卒，精力不繼呵！

按語：

SW先生用酣暢活潑之筆，描寫酣暢活潑的性生活經過情形，淋漓曲折，形容盡致。經驗之談，彌足珍貴，不但可供我們研究討論，抑且可給我們實地試驗。這一點，非常感謝SW先生能毫不忌諱，赤裸裸的描寫出來。

性交一事，本來無庸諱言。記得從前某禁書上有一段話說得好：「人生在世，朝朝勞苦，事事愁煩，無有一毫受用處。還虧那太古之世，開天闢地的聖人，制一件男女交媾之情，與人息息勞苦，解解愁煩，還不至十分憔悴。

照拘儒說來，婦人腰下之物，乃生我之門，死我之户。達者看來，人生在世，沒有這件東西，只怕頭髮還要早白幾年，壽命還要少幾歲呢！不信但看世間的和尚，有幾人四、五十歲，髮根不白的；有幾個七、八十歲，肉身不倒的。

或者說和尚雖然出家，也有去路：遠則偷婦人，近則狎徒弟，也與俗人一般，不能保元固本，所以沒壽。這等請看京裡太監，不但不能偷婦人，連偷婦人的器械都收拾了；不但不能狎徒弟，連狎徒弟的把柄都沒有了。論理該少嫩一生，活上幾百歲才是，爲何面上皺紋，更比別人多些；頭上白髮，更比別人早見些！名爲公公，實則婆婆。京師城內，更有掛長壽匾額的平人，沒有百歲的內相。

可見女色二字，原與人無損。只因《本草綱目》上面，不曾載得這一味，所以沒有一定的注解。有說它是養人的，也有說它是害人的。若照這等人比論起來，畢竟還是養人的物事。它的藥性，與人參附子相符，而亦交相爲用。

只是一件人參附子雖是大補之物，只宜長服，不宜多服；只可當藥，不可當飯。若不論分量，不拘時候，盡飽吃下去，一樣也會傷人。女色的利害，與此一樣，長服有陰陽交濟之功，多服有水火相剋之弊；當藥則有寬中解鬱之樂，當飯則有傷精耗血之憂。

世上的人，若曉得把女色當藥，不可太疏，亦不可太密；不可不好，亦不可酷好。未近女色之際，當思曰，此藥也，非毒也，胡爲懼之？既近女色之後，當思曰，此藥也，非飯也，胡爲溺之？……」（註）這一段議論，雖然與時代潮流略有不合，但說女色二字，與人無損，只可常服，不宜多服；只可當藥，不可當飯云云，確係至理名言，不可磨滅。

SW先生現在能返本還原，每月數次，每次數十分鐘，用科學方法、藝術手腕與夫人交媾，得陰陽交濟之功，而無水火相剋之弊，這才是合於正軌，而使兩性間的性生活，互相滿足。

SW先生起先和夫人的感情由熱烈而冷淡，現在復由冷淡而至中和，前因後果，線索分明。起始未經訓練，戰術不精，故夫不能滿足需求，婦不知有何快感；卒至因性生活的關係，而致感情離貳。

現在夫則身經百戰，技術嫻熟；婦則洞悉戰陣，能守能攻，故因性生活的滿足，而致感情和洽。總之，必在兩性間同有性欲衝動，同思得一異性，以滿足其欲望時，始得交媾。否則一方雖有性欲衝動，而一方並不需此，則勉強行之，實是片面的強姦，雖然是正式夫婦，也不可說正當。

雙方要怎樣才表示出有性欲的衝動呢？在男性必定要生殖器勃起；在女性必定要陰膣擴張，分泌黏液，才可算雙方都有性欲衝動。在雙方奇癢難熬之時，始行交媾，那麼所受的快感，必異常美滿。司托潑夫人在所著《結婚的愛》中，曾一再說明，並說男性宜體貼女性，凡舉行交媾時，必先使其妻有同一要求交媾的心思，才有快樂可言，而後才可得到美滿的結果。

嫖妓固然不可提倡，但SW先生因欲滿足性的生活，不惜冒險嘗試，智雖太愚，情實可憫。因此我們得到一個教訓：男女青年，不可不有性的智識，和性交的技術。尤其是新婚夫妻，更不可不互相研究試驗，以改進性的生活，否則生活不滿足其性欲而變成疾病，男性不滿足其性欲而出於嫖妓，這是多麼可怕而危險的事情啊！

交媾的姿勢，普通男性居上，女性居下，把男性的生殖器，插入女性的陰戶。所謂：「臉兒相偎，手兒相抱，腮兒相壓」這是最正當的形式。但是因生殖器構造的不同，或因爲好奇心所衝動，圖滿足快感起見，而讀換交媾的姿勢。

「倒交」：男子居下，處被動地位；女子居上，處自動地位。這種方式，可和正交時時交換，使兩性間勞逸平均，各獻身手。

又如「側交」：男女兩性，雙方側臥，女性兩腿，向前展開；而男性兩腿，嵌合其中。雙方身體各稍傾斜，使兩生殖器密接。然後以陰莖插進女性的膣中，互相抽送，這叫

「前側交」。或男性居女性的背後，身體向前略斜，把陰莖從女性的股間插入；而女性的身體要向前略屈，上股展開，待男子抽送，這叫「後側交」。這種交媾的方式，可用在女性妊孕時期，減少腹部的壓迫。

又如「伏交」：像動物的交媾一般，男性伏在女性的背上，把陰莖自女性臀部的後方插進陰膣。但是女性要屈膝聳臀，兩腿展開，否則不便抽送。這種交媾方式，大約用之於女性陰户偏向後方，前進不易，故改走此道。

又如「坐交」：男性兩股展開，使女性坐在上面，把陰莖插在女性的膣中。

又如「行交」：男性把女性攬腰緊抱，女性兩股展開，以足彎向男性後方；男性把陰莖插入膣中，以步履的姿勢，代抽送的動作。這兩種交媾的方式，大率用之於女性身體太柔弱，男性身體太強壯，伏壓其下，痛苦太烈，故改用此法。

又如「立交」：男女兩性，雙方對立，舉行交媾。這種方式，大概在匆促時間，性欲衝動極其旺盛不可遏止，而又得到不當的地方，不得已而用此。總之，要相度形勢，洞悉戰術，然後採用方法。時常練習，熟能生巧，自然神魂顛倒，快樂無窮了。

註：出自《肉蒲團》，明朝李漁著。

春風初度玉門關

◎映青

是前三年的一件破天荒大事，在人生全部的歷史上，占著最有精神的一頁。

新秋雨後的晚上，蔚藍的天空，明淨的像洗過一般，幾點疏星，默默地伴著一輪涼月。園隅修行，姍姍飄動，挾著帶水氣的微風一陣陣吹來，如暴熱之後，飲了一瓶冰汽水，徹人心肺。幾個流螢，抵抗不住空氣的壓力，只在雞冠鳳仙間，閃閃爍爍的飛著。牆陰花砌間，唧唧瞿瞿的蟋蟀，卻依舊奏那不成腔調的樂歌。

我躺在籐榻中，對茲沈寂的自然界，感著人生的煩悶，很無聊賴的幻想那不可思議的問題。忽然心血來潮，坐臥不安。或者是受著愛神的驅遣，使我走到了素不涉足的房客王希聖臥房邊。

咦！如魚囓水，嘖嘖有聲。我不由得驚疑的站住了。

「哼哼！快活死了！親肉……心肝……我不知道了。」一陣模糊斷續的婦女叫喚聲。

「適意吧！癢嗎？」一個男子氣吁喘喘問著的聲音。

「適意極了！好哥哥！你再重些……」

又是一陣咭咭格格，震動的聲音。咦！此何人也？此何聲也！胡爲乎來哉？我心中非常驚疑。我雖年已弱冠，卻未嘗過雲雨風味，故對於性交，初無經驗。及走近窗前，側耳一聽，始知王希聖正和他的新夫人在陽臺之上，大動干戈。我想這一場武劇不容易見到，便把紙窗挖破了些，看西洋鏡似的，旁立窺看。只見室中燈光明亮，他的夫人赤身露體，仰臥在床；希聖赤條條地，一絲不掛，立近床沿，掀起了夫人的兩腿，正在那裡雲情雨意。他很有興趣似的抽送了百餘次，便伏在夫人身上，一連接了幾個吻。

當他們興致勃發，不可遏止時；卻不料隔窗站著的我，也竟至渾身麻木，不可支持。

「心肝！乖肉！妳肯把妳這件寶貝，給我看一看嗎？」希聖一面接吻，一面模模糊糊的要求他夫人答應。

「臭骨頭！弄也憑你了，難道還不肯與你看？」他的夫人在他肩上輕輕一拍，表示十分願意的回答。

希聖笑嘻嘻立起身來，拿了檯燈，蹲在地上，把那陰唇細端詳。他的夫人恐怕桃源春漲，問津無從，把弄揩拭了一回。站在外邊的我，究竟距離得遠，但見黑越越一撮毛兒，中間夾著一條小溪。好不奇怪呀！

希聖忽張開了口，把舌尖伸在陰唇中間，一陣亂舐亂擦，不用說他的夫人騷癢難當；就是站在門外的我，也覺垂涎欲滴，不知其味是甜是鹹，是酸是辣？恨不得也請分我一杯羹呢！

他夫人癢到難熬的時候，忙令希聖伏在身上，把陰莖塞在陰膣中，自首至根，一毫不露。希聖用力抽送，他夫人哼哼不住的低喚。

「心肝？為何今夜這般有興？」他夫人很滿意的說。

「妳自叫一聲淫婦，我再與妳弄得痛快些。」希聖很有把握的說。

「淫婦！淫婦！」他夫人一連叫了幾聲，希聖也很賣力的一氣抽送了數百次。他夫人聲漸低了，眼漸閉了，只管吁吁喘氣。

我這時再也站立不住，只得握著下面堅硬直挺的陰莖，一步一歪，走回園中。坐在籐榻中，神思恍惚，默想剛才所見的一幕戲劇，劇中人的滋味究竟怎樣？又想《水滸傳》上的王婆說風情，西門慶和潘金蓮怎樣脫衣解帶，怎樣摟抱，怎樣雲雨。書上雖然寫得維妙維肖，繪影繪聲，空係模糊影響，助人想像罷了。於今實地觀察，端的叫人心醉。這夜翻來覆去，老是睡不著，那陰莖也奇怪起來，高高挺起，久不復原，直到手淫了一回，泄了些精，才覺全身舒泰些。

原來王希聖是個商人，今年春上娶了親，和他的新夫人賃了我們後園三間房屋組織小家庭。希聖是個粗魯的莽男子，尤其討厭的，是滿面大麻子。他的夫人，生得雲鬟低垂，畫眉輕掃，其白如玉，其軟如棉。雖無沈魚落雁之容、閉月羞花之貌，可是態度俊俏，丰姿姣媚，也可管得是個美女。只是這樣的一佳人，配著這樣的一個莽夫，眞是：「癡漢偏騎駿馬走，巧妻常伴拙夫眠；世間多少不平事，不會做天莫做天。」

希聖每天早上七時左右出去，晚上九時左右回來。日間只有他的新夫人一個兒住著。我有時相見，叫她王嫂嫂，她叫我映弟弟。在暑假時候，我住在園中的揖翠齋，取其涼快而清靜，且便溫習功課的原故。園門的啓閉，權域在我。開了園門，東走幾步，就是王希聖的臥房。自此以後，素不涉足的地方，一變而爲日必光臨幾次。白晝和王嫂嫂談談說說，倒也情投意合，我雖無非分之想，卻也替她惋惜。半夜三更的時候，又往往去竊聽他們演的連臺好戲。

已是將近中秋節了，攝氏表還升到八十八度；梧桐樹上的殘蟬，還不銷聲匿跡，好像自知其末將臨，故留連在夕陽中，淒淒切切的頌訴。無聊的我，對茲蒸鬱的空氣，心頭格外煩悶。在園中徘徊了一會，信步走到了王希聖的臥房邊。

一陣嘩嘩嘩嘩的划水聲，出自她的臥房中。「啊喝。」我有意無意的欬了一聲嗽。「我在這裡洗澡，外面是哪一個，不要進來。」希聖的夫人從笑聲中這樣說。「是我！王嫂嫂。」我想她那一句話，分明是告訴我此處別無他人之意。自然我不敢拂她的盛情，靠在紙窗口，眼睛向內張望，並且聽她這樣說。

「映弟弟！你獨自在外邊嗎？」又是帶笑的說。

「是！只有我個一人。」

她起先脊背向外，胸膛朝裡，這時掉轉身來，把兩隻玉峰，一口陰戶，正對著窗子，分明教我細看的意思。又恐緊要處所，浸在水裡，看不出仔細；索性躺了下去，兩腳張開，顯露正面，使鬚眉畢現，一覽無遺。睡了一會，就坐起來，把兩手捧住陰戶，自己看了一會，亂摸了一會，又微微的歎了一口氣，好似奇癢難搔，無可奈何的意思。

意志薄弱、血氣方剛的我，見了這個光景，自然欲火上升，不可遏止。並且知道這個少婦騷到極點，淫到極點了。只怕不去赴會，反要怪人不領情，於是不復有所顧忌，就破門而入。原來門是虛掩上的，並未下鑰。

「你來做什麼？」她見我闖了進去，原是意料所及的，神情並不驚惶，卻故意要裝出詫怪的質問。

「王嫂嫂！我本來有意想親近妳，只是沒有機會訴我哀情。今天偶然走過，見了妳嬌軀的肌膚，煞不住了，所以冒昧的闖進來。只求嫂嫂寬宥我這一遭！」我很幼稚的懇求她。

「那麼你要怎樣？」

「我要……」

「這個時候，這個地方，難道好幹什麼事不成？倘使被人碰見了怎樣呢？」

「哦！這個……」

「這樣罷！好在他前天出去收帳了，要耽擱十多天才得回來。你要這個，就在今天晚上悄悄走過來罷。」

「好嫂嫂！我晚上準來！」我見她慨然允諾了，就把渾身上下摸了一遍，又接了兩、三個吻方出去。

晚上安排妥當，我就走進她的房裡。性發如狂，兩手緊緊抱住；她也摟了我接吻。兩個弄得一團火熱，急忙走到床邊，寬衣解帶。我依樣畫葫蘆似的，叫她橫臥，提起雙腳，把陰莖急急插進去，未及五、六抽已覺非常舒泰。她笑笑吟吟叫聲：「快活。」原來龜頭直到花心，所以她十分爽快。我也因她陰戶未經生張，又緊又乾，連聲叫道：「有趣！有趣！」只是初赴陽臺，經驗薄弱，怎當得她淫蕩風騷的態度，所以抽了二百餘抽，就出了精。只得伏在她身上，轉覺遍體酥麻。

可愛的她，欲念正旺，意猶未足，急得翻身扒起，心煩意亂。臨了，把我的陰莖含在嘴裡。奇怪，那陰莖被熱氣接觸，不久挺硬起來，於是我把她推倒，重興雲雨，一連又抽了數百次。只見她星眸微轉，雙頰通紅，口不能開，只管哼哼含笑。下面的騷水，流出很多，我把羅帕抹乾了，然後再行插進抽動。

「好嫂嫂，我比希聖如何？」我帶著驕傲的神氣問她。

「親弟弟，他的比你的小而短，並且他是個粗人，怎及得你溫存而有趣！」她摸住了我的頭，嬌聲宛轉的說。

「親嫂嫂！覺得舒服嗎？再要重些嗎？」

「舒服！舒服！好心肝！我和他雖然結婚將近半年了，從沒有像今日和你幹的快活。若不經過你這份寶物，幾乎虛度一生。」她一面說，一面把臀兒高聳起來。我聽了她的獎語，受寵若驚似的，格外抽動得有勁。

我愛她肌肉豐盛，言語伶俐，興趣勃發，把那陰莖盡根送入進去，足有兩個鐘頭，方才雲消雨散。

從此以後，一連和她睡了六、七夜。一個兒是初嘗滋味，自然興致太高；一個兒是幸竊新歡，頓覺春心大動，那纏綿溫柔的滋味，恕我不再細表了。

大軍閥們抱著侵略的野心，一味以擴張地盤，搜刮民膏，於是蠅營狗苟，黨同伐異，弄到連年征戰不息。只可憐我們老百姓飽受蕩析流離，飢寒交迫的痛苦，尤其是青年男女，非但不能安心向學，抑且感受失學的苦痛。我自暑假回來後，足足家居了三個月，直到陽曆十月初，才接到學校通知開學日期的信。

離家的前一夜，把應帶的書籍用具收拾停當後，想早些安眠，於是就和衣躺著。多情的明月，姍姍地射進我的臥房；可厭的蟋蟀，刮刮地刺進我的耳膜。將要離鄉的我，被它們擾亂了心曲，那裡能夠睡得著。自然，遊子離鄉多少有些依戀不捨的感想，作客三年的我，早已嘗透了這種孤涼況味。只是今夜，千愁萬恨，異乎尋常，悵惘得利害，心頭好似受了鉅創，轉輾反側地呻吟。

「映弟弟……映青弟弟……」我在模糊半睡的狀態中，忽聽得門外微細叫喚的聲音。「開門！開門！」聲浪略高了些。好像是王嫂嫂的聲音罷，我自己問自己。心頭一陣跳蕩，不免有些驚惶了。「映弟弟！快開門……」接著，又是幾聲叫喊開門。

「是誰？」我定了一定神說。「有什麼事情？」

「我……我呀！映弟弟！你快開門，我有話和你說。」

這幾聲聽得清楚了，我自然奉命惟謹，連忙站起來，拔關迎接。

「啊喲！王嫂嫂！妳在這個時候，怎麼離開了你的丈夫，趕到這裡來？」我又驚又喜的問她。

「他……他已經睡著了。他和我幹了一回事，弄得他疲乏得很，此刻像老牛般酣睡著了。照往日的經驗，他幹了事非睡到天明，不會醒的。所以我大膽地走來和你一見。」她雖然很鎮靜似的這樣說，但面上也微露些驚惶的神氣，並且身體不自持的有些顫動。

秋惶苦短，尤其在偷情的時候，在感情熱烈而忽欲分別的時候。自然，接吻、摸乳……那一回事，是互相心理上所需要的。這一次雖然不能像以前的從容，可是在又驚又喜的當兒，最耐人回味。我既曲盡攻守衝突的能事，她也宛轉姣啼，盡情放浪。用了一番力氣後，兩顆心漸漸寧靜了，於是擁抱著交頸而臥。在這休息的當兒，我們開始談話了。

「映弟弟，你明天去了，幾時才得回來？」

「最遲當在寒假的時候，或者在陰曆十月底有機會，還得回來一次和妳見見。」

「我們這一次分別後，不知再有相見的日期？」她很頹喪的說。

「哪裡會不相見，我既然就要回來，妳又不立刻遷移，相見的日子多著呢！」我很決斷的說。

「唉……」她嘆了一口氣，沉默了一、二分鐘。我也想不出一句安慰她的話。

「好嫂嫂！妳爲什麼愛我呢？」我漫無目的地問她，意在打斷她悲傷的思維。

「映弟弟！你是個翩翩少年，懂得愛情的眞諦。像他，唉！」她又嘆了口氣說：「蠢如鹿豕，胸無點墨之人，懂得什麼愛情不愛情。興動時，一陣蠻幹；幹罷，像土泥般的赴睡到天亮。並且那副可怕相貌，簡直像個瘟神，越看越惹氣。你想，像禁錮在沙漠中的我，還有什麼人生的趣味呢？」

「像妳這樣如花如玉的人，配著那樣粗笨的丈夫，眞是好比一塊象牙落在狗嘴裡。但是這段婚姻怎麼成就的？爲什麼不和他……」

「當初是我可憐的母親，從小就許配他的。」她不等我接嘴，又接著說：「小時候他還玲瓏活潑，白皙可愛。不料在十歲上，出了一次天花，他的面容就此壞了。他的父親也是個糊塗蛋，在十二歲那一年，就叫他棄學從商。他也自己不學好，從此成了個不學不識的市儈。說他的身世，也未始不可憐；但我的終身，就直接被他斷送了。我在中學讀書的時候，有許多同學勸我和他離婚，但因循遷延，終於沒有這個勇氣和父母反抗，向禮教宣戰，以致將錯就錯。至今木已成舟，尚有何說！」她說了一大批我所沒有洞曉的話，有氣沒力的伏在我身上嚶嚶地啜泣了。

「我愛！妳也不必過於傷心。我愛妳，妳也愛我，我們兩顆心，變成一顆心，我們把這顆心，和環境勢力去奮鬥，也未始不可人定勝天呢。倘使力不從心，今世未修，希望來世；在天願爲比翼鳥，在地願爲連理枝。只要我們倆精神熔爲一爐，那精神之愛，老天也不能阻擋我們罷！」於是我一陣心酸，滿眶情淚，也如珍珠斷線般的破眶而出。

「但……但願如此！」她在帶淚聲中，只說了這一句話。

於是我們倆擁抱著嗚嗚咽咽的對哭了。對哭是人類僅有的一件最痛快的事，尤其是一對情人。

啊啊！雞既鳴矣，東方已白。她和我，不能不在模糊淚眼中黯然離別，那離別的愁苦情緒，我不能寫，我也不忍寫。

這一天是秋末冬初的日曜日，西北風刮得呼呼地響，校園裡已彫殘的樹木，留著少數的黃葉，一片片像蝴蝶般的滾落下來，在地上打了幾個滾，一古腦兒捲到了牆角去。幾顆失時的雞冠，好像暮年的烈士，既自悲其身世，復不肯示人以弱，還在風中搖擺的抵抗著。自然界布滿著淒涼的詩意，我對著幾盆傲霜的殘菊，兀自出神。

忽然門房王根，在後面叫我一聲：「丁先生，有一封信。」

我接受了那封信，看見封面上「名內具」三個字，筆跡生疏得很，同輩中從未有這樣娟秀挺拔的字。急忙折開閱看：

我愛的映青弟弟：

我和你分別後，時時想念你，想你也刻刻記掛著我罷！人之相知，貴相知心。以我處於今日的環境，言無聽，唱無和，獨行踽踽，淒涼況味，情何能堪！

唉！映青弟弟，事會突如其來，出於意料之外者。我今天給你一封信，是告訴你我不能待你回來一別，竟至立刻要離開這裡了。你去後不到一月，他在店裡發生了不名譽的事情，竟不能待到年終，即於前天辭歇了他的職務。你想，他是沒有恆產的人，一旦沒有職業，生活問題自然受著影響，並且也無顏再見這裡的熟人。於是不得不離開這個可愛而略有生氣的地方，而遄回虛壙般的本鄉了。

啊！映弟弟，事已決定了，我明天就走。從前你以爲不久就可相見，那知現在竟不能和你一別，或者一輩子也不能相見了。老天竟這樣的慘酷嗎？不，自己的命運不濟呢，關老天甚麼事？

啊！映青弟啊！我的命運，至此已絕望。一要私奔就你罷，雖然名節可不惜，禮教可不顧，但你還在求學時代，不忍妨害了你的前途。並且你還不能自立生產，我們倆又怎能維持生活呢？我要和他離婚罷，拚著我的命去幹，或者可以辦得到。但你雖然是愛我要我，你的父母，怎肯招個再醮之婦做你的元配，自己敗壞聲望門顏呢？我要圖個自盡以了卻煩惱罷，又覺太輕視自己的生命與人生的價值了。啊啊！我弟啊！你替我設想，怎樣才是一個萬全之策呢？

我親愛的映弟啊！我們遲早總有一個分別的日子，總有受著這麼一回痛苦的日子。或者現在心上的創痕還未經深刻到怎樣的田地，及早斬斷情絲，可減少你精神上的煩悶痛苦，使你專心向學，不再以我不幸不祥的人，記掛在心頭。所以我以後不忍和你再見，也不希望和你通信，更不願把我的住址告訴你。

我親愛的映弟啊！我們就這樣的不了了之罷，但是……但是今世未修，希望來世；在天願爲比翼鳥，在地願爲連理枝。精神之愛，誰也不能干涉禁止我們的，這是你那一夜對我說的。啊！我愛！我今所希望於你的，除此以外，還有甚麼呢！

唉！映弟，我們從此別了！

你的心上人　愛眞

我看罷了信，神經麻木，思慮恍惚，像失了感覺一般。終於受愛神的驅遣，當夜乘船，如喪考妣似的奔回去。父母見我不先通知，突如其來，很是詫異。我好容易支吾其詞，隱瞞過了。

我奔回的用意，希圖在遷移之前和她一見，並且當面問她一個確切的居處。不料我從傭人的口中探問，他們本定今日遷移，不知怎的昨天傍晚就走了，也不知他們遷到甚麼地方去。

那園東的三間房屋，依舊開著；只是鳳去臺空，增添了無限的淒涼與回憶。

唉！人生的價值究竟在哪裡？安慰人生的究竟是甚麼？或者就是那廣漠而虛緲的「精神之愛」罷！

按語：

映青先生的這篇大文，與其說是性史，不如說是情史。因爲就那篇文字說，性史的成分少，情史的成分多。我們就事論事，至少可得到兩個結論：一，婚姻不自由，而致美女犧牲於莽夫；二，要滿足女性的性欲，不可一昧的蠻幹，須溫存體貼，大獻其撫摩愛護的手段，使精神身體，雙方甜蜜而愉快。

希聖和他夫人交媾的，未始不能引起她的興趣，就第一段映青竊聽著的淫聲浪語，而可斷定。但幹罷了事，希聖便如鹿豕般的闔眼到天亮，不懂得溫柔的滋味；加以他的醜陋的面相，自然更易引起他夫人的厭惡，所以一見了翩翩少年的映青，便毫不遲疑的愛上了。世間醜陋的丈夫，娶得了美麗的少婦，倘不在性交用工夫，以獻媚於其夫人，那麼夫婦間的感情，未本不離貳而至決裂的。

我們曉得有許多變態的性交，最普通的，就是口交。男性以舌舐女性的陰户，使她發生快感；女性口含男性的陰莖，盡力吸收，使發生射精現象。這種變態的性交，可以增加兩性間的性欲，如上述希聖以舌舐他夫人的陰户，他夫人癢騷難當，要求希聖再和她正式交媾。又如上述映青已出了精，王嫂嫂把他的陰莖含在嘴裡，立刻又挺硬起來，於是重興雲雨。但這種變態的性交，只可助性欲，而不能滿足兩方的性欲。

別有一番滋味在心頭

◎冠生

發端

月在將圓未圓，花在將開未開的時候，最含蓄而有畫意。若已月圓皎潔，滿光滿地，芳菲燦爛，紅紫紛披，則行見輪缺鉤沈，落英成陣，不旋踵煙消雲散了。我敢武斷一句：不但花月這樣，天下萬物，皆作如是觀。

女性的美，也在瓜未破、苞待放的時候，最銷魂而有詩意。再聊想到性交，也莫過於和情竇初開、春情萌動時期的小姑，幹這一回神祕的事，最溫柔細膩而含有詩情畫意。這或許我憑個人的嗜好、變態的心理，而抱這種偏見的思想。

世間很多老於情場的人，抱有嗜痂之癖，非御風信年華的半老徐娘，不能大嚼特嚼而快其朵頤。他們以為這些淫娃蕩婦，嫻於床工，精於戰術，要圖痛快淋漓，非此不興。小子是個自慚形穢的人，且非雙餐之徒，只好過屠門而不嚼，不敢入肉林去一試。

初嘗

我在二十一歲時結婚，我的W，和我同年。我當時已非童身，她呢，雖非花殘月缺的蕩婦，卻也不能承認她是白璧無瑕的處子。

初結婚時，硬膨膨的乳峰，緊窄窄的陰戶，百摸不厭，百弄不厭，百交不厭。最爽快的時候，端的「怡然自得，睟於面，盎於背，暢於四肢。」但一年之後，硬膨膨的，變為軟綿綿了；緊窄窄的，變為寬泛泛了，由肉體的弛愛，漸移至精神的弛愛。雖然每月中仍有幾回照例奉行的性交，但器械似的，簡直得不到一些好處。或者因爲我的性器官不甚發達，並且不能十分堅硬粗大，以致我得不到快感，想她也未必能暢其所欲罷！

當時，我們雇用一個供使喚的婢女，名叫素貞，面貌平常，肌肉卻結實得很。這一年她方十五歲，正是情竇初開的小姑娘。相處已久，我便勾搭引誘她。起始，不過聞聞她的面孔，摸摸她的乳峰，不敢施行強暴的舉動。但她也不拒絕，也不躲避，早已料到只要靜待時機，可以馬到成功。

她是住在我們寢室外邊的一張小榻上。每夜，等W先睡，我藉請看書、寫字，或做文章，故意延挨時間。待得W睡著後，我每走到她的床旁，摸她的乳峰、弄她的陰戶，那陰戶光滑而柔軟，另有一番可愛的滋味。我用手指在她的陰唇旁邊的縫中，徐徐插送進去，意在引動她的性欲，使她發生性飢荒的現象。她呢，裝聾裝睡，不聲不響，躺著憑我弄。

我心頭熱疏疏地，很想試這一麼試，但設防未周，恐被W覺察，欲弄又止。如此一月之後，W見我有些神志恍惚，頓失常態，也窺破了十分之八九，所以往往閉眼假睡，暗中提防著。

有一次的晚上，我的性欲衝動，再也按捺不住了。先把素貞的陰戶弄得膩滑滋潤，然後脫得精光，睡進她的被窩去；也不暇接吻摸乳，便伏在她身上，幹起事來。

起初，左衝右突，不得其門而入，之後，我探得了桃源洞口，便一手扶住陰莖，向陰唇的洞口用力衝進。因淫水泛濫，所以一衝而進。她那時也有些痛楚吧，但不敢聲張，身體微微的搖擺了一陣，表示出半推半就，又驚又喜的神情。我既入其門，便徐徐抽動，抽了幾十抽，就姿勢衝進一些。約莫抽了百餘進，衝進了全體的二分之一弱，我就很快意的泄精了。

不料好事方罷，赤身露體走下床來，恰被我的W看見。她毫不遲疑的明天就叫素貞搬住到對面的房裡去。她以爲這一來，相隔幾堵牆，不致再幹那事了。我剛嘗野味，受了這樣的一個打擊，自然心不甘服，百計思量。我的偷香竊玉手段，雖不甚高明，但當心火上升，色膽如天之時，或許會得鑽穴踰牆，不惜生命。

隔了一週光景，我竟拔關而出，敲開了對面的門，直走到素貞的臥榻旁邊。今夜她很活潑而敏慧，她說：「奶奶睡著嗎？」我說：「睡著了。」她又說：「前天被你一弄，痛了好幾天，今天你要來幹麼？」她雖這樣說，但一手勾住我頸，露出很需要的表情。於是就橫臥在她的臥榻上，又幹起事來了。

這一次，可弄了五分鐘，射進了三分之二，覺得很是美暢。看她也好像很有趣味，如是弄了三、四次，才得全體射了進去。肥大的陰莖，裝嵌在淺窄的陰戶中，那飽滿緊張的愉快，比和W性交，另有一番特別的風味。

我爲圖永久歡娛起見，在W處獻些小殷勤，索性和她訂了個赤裸裸的條約，於是她允許我每禮拜和素貞睡一次，而時間不得過半句鐘。雖然訂了這個具文的條約，但我每禮拜至少要和素貞睡二回，時間卻不銷半點鐘。

如是半年之後，素貞性欲程度，大高而特高，往往脫得赤條條地，睡在被窩中等著。有一次，我的W住在外家，素貞睡到半夜，竟至自薦枕蓆。並且腳會張開，臀會上湊，時間要長久，抽拔要猛進，幾變成了個騷淫蕩浪的小姑娘了。

再試

夫婦之情是久長的、倫理的，夫婦的性交，好比家常便飯，不過爾爾；偷竊之情是暫短的、浪漫的，偷竊的性交，好比海洋異味，大有不同。所以偷情，常帶三分恐懼，倘使果能達其目的，男女雙方，格外快活而有趣，並且容易出精。從古以來的私生子，大概聰穎的多，因為男女竭盡智慮以圖一快，所出精蟲，必新鮮活潑而富有生機的原故。

一年半以後，素貞因故回去，我心頭自然增添不少悵惘。後來雇用過好幾個婢女，可是或年齡太小，或年齡太大，或姿色談不上引動性欲。隔了好久，才遇到一個，名叫阿春，年紀和素貞差不多，而身材較小，性器官也還發育未全。

起始她略略抗拒，不肯一蹴而就範。我也耐著心，慢慢的施行誘惑手段，禁不起幾次的誘惑，就俯首貼耳的聽我擺布了。可是初次性交，再也刺不進她的陰戶。因為縫口太小，而我的陰莖，硬度也不強，方欲入港，而已軟化，以致力不從心，徒呼負負，這是偷情時的特有現象。如是一而再，再而三，直到四、五次以後，才得其門而入，六、七次以後，始苦盡甘來，漸入佳境。

她起始也很覺得痛楚，往往叮囑要抽得慢、刺得輕，使有水分排泄後，始用勁而盡興。她有一個特別的心理，就是兩隻乳峰，無論怎樣不許我試探一下。我們正在甜蜜的時候，忽被勾魂使者——她的父親，催召回去，後來聽說被父親賣給人家做妾。侯門一入深如海，從此蕭郎是路人。

三度

我嘗過了兩個未破瓜的小姑娘的滋味，益發感著處女之美，與和處女性交的舒服適意，非門戶洞開之少婦可比。

兩年以後，我又遇到一個婢女，名叫瑞寶，風姿綽約，媚態動人。若用老師評文的口吻，這一個足當得「肌肉介肥瘦之間，裝束居濃淡之際；妙在瘦不可增，而肥不可減；濃似乎淺，與淡似乎深。列之甲等，誰曰不宜。」那以前兩個，不過「五官端正，四肢勻稱，色藝平庸，允列乙等」罷了。

那瑞寶據她自己說是十七歲，但身材的長大，好像二十許人。兩隻乳峰，軟中兼硬，雖大覺少。一口陰戶，寬緊適中，乾溼恰好。第一夜和她性交，不到三分鐘，抽不到百餘次，我就泄精了。

隔了一天，我的W到別處去探親，我獨留守。這樣天賜的機會，自然不可錯過，我就和瑞寶大膽地白晝宣淫了。這一次，心既鎮定，力又充足，並且在光天化日之下，觀察得精細，弄玩得酣暢，非半夜三更，暗中摸索可比。她一身白皙的肌肉，襯著一個肥嫩的大臀；陰戶外面的一撮柔毛，內部的一點花心，端的鬚眉畢現，一覽無遺。兩個人弄得淋漓盡致，美滿異常。

據她自己說，前一年在某家，被一個新弦的少年誘惑開了苞。但我猜想她恐怕不止交接過一個人。以後我們也常常有機會幹這回事。她雖非完璧，但在大小深淺、寬緊軟硬之間，自有一種特別的風味，所以我很歡喜。誰料半載以後，她又爲另一問題，而不得不回去。從此消息久沈，藍橋路阻，心頭徒添幾許煩惱而已。

結論

上所記述，是我侮辱三個女性的供狀，是我道德墮落的憑證。如今寫了出來，不但自己懺悔，也要勸戒他人。鑽穴踰牆的勾當，偷香竊玉的行爲，雖不必效老學究的口吻，說甚麼「暗傷陰德，顯犯明條。」但縱然色膽如天，到底驚魂似鼠。雖無誰見，似有人來，風流汗少而恐懼常多，精液偏從毛孔泄；兒女情長而英雄氣短，鬚眉當爲捉姦掀。

所以性交一事，不必捨近圖遠，只要和自己夫人研究試驗，待到技術高明，方法純熟，包你渾身通泰，四體融和，既不傷於元氣，且有益於宗祧。世間尋花問柳的登徒子，其亦知所返乎？

按語：

瓜熟自然蒂落，揠苗不能助長。冠生先生專喜採摘含苞待放的處女，不喜駕御門户洞開的少婦，這種片面的思想，未免蹂躪殘忍。只管自己的暢快，而不顧對方的痛苦。或許冠生先生只知處女緊窄之妙，而未嘗少婦寬泛之愉，以致養成這個習慣。

平心而論，處女自然有處女之妙處；而妙齡少婦，以及半老徐娘，也有少婦徐娘的妙處，未可一筆抹煞。並且處女之妙，可暫而不可久；少婦徐娘之妙，則一生享受不盡。換句話說，交媾之樂，性器官構造的適宜，固屬重要；而戰陣方式的布置，指揮衝鋒的技術，也不可不加以訓練。

如果夫婦之間因雙方生殖器的穿鑿不相入，大小不緊湊，雖不能施手術去改造，也未嘗不可用方法去補救。如男性常用冷水洗濯陰莖，使加以鍛鍊而硬度加增；交媾之前，略進刺激性的飲料，使興奮而生殖器發生充血現象。女性的陰户如過寬太深，可墳高臀部，大展其兩腿，而使陰莖可直搗花心。

雙方更須放浪形骸的大幹特幹，其痛快自比與處女的屢射不進，即進而已力盡精泄，未盡其器，未足其欲的大不同。謂余不信，盍與尊夫人一試之！

我的性經歷

◎志霄女士

生爲不幸的女兒身，處於數十年專制壓迫，重男輕女的家庭制度之下，總是個被征服者。而做男子洩欲的玩偶，連意志都不能自由伸達，本能也不能自由發展，還有甚麼人格可言。

不必多舉例證，既就性交一件事，只可男子頻加輕薄狂妄的舉動於女子，不准女子自動的要求男子。若女子稍而露聲色，鮮有不加以「淫蕩」、「風騷」、「娼妓」……萬惡的頭銜；甚至藉端拋棄，以遂男子另選閨雛少艾的欲望，而供其蹂躪。

可憐不幸的女子，負痛含冤，飲恨吞聲，終身過的是黑暗的地獄生涯，不得一睹光明的天日。唉！女權運動要怎樣的急起直追以抗爭呢？

今欲提倡女權，女子當首先守於性交，赤裸的發揮其本能，滿足其需要。因此待將我的性經歷，和對於性交的意見，絕不忌諱的敘述在下，這也是拋磚引玉的意思。我非文學家，恐怕不能描寫得維妙維肖，繪影繪聲，而合於藝術的組織。但忠實的說來，雖則一鱗半爪，未窺全豹，然舉一反三，也足以供研究者參考罷！

我在十七歲時，進省立某女學校。校中同學多三吳嬌娃，鶯鶯燕燕，濟濟一堂。而且都在十七八、廿二三的妙齡時代。正是含情脈脈，春意綿綿，女兒心中事，不可對人言。

校中教員，十之七八是小方馬褂，戴玳瑁鏡，于思于思的老頭子，已屬情場中的過去人物。間有幾個年輕貌秀的漂亮人物，但被無形的禮教，片面的道德監視著，對著粥粥群雌，心中雖有非分之想，而言語舉止，不敢顯露輕佻，以招物議。於是目不斜視，口不妄嘗，耳不妄聞的勤於其務。

有時偶因批改成績的褒貶，評定分數的多寡等小問題，而同學中生出「懷疑」、「嫉妒」、「怨恨」……的惡空氣，並且捏造某某先生垂青於某某同學，某某同學私通於某某先生的謠言。而所謂某某同學者，或老羞成怒，或受寵若驚；而所謂某某先生者，影響毫無，或者連夢也沒有收到。

我們雖然日在老成持重、道貌肅然的舍監太太嚴重監督之下，仍不免發生我是妳的W，妳是我的H等等富有趣味的調笑。也有眞的是同性戀愛，惺惺惜惺惺，衣同式，鞋同樣；出必同行，食必同桌；親逾骨肉，情若夫妻。

見者或妒或羨，或當面嘲笑，或背後批評。她們不以爲怪，平日偷偷摸摸，睡在一床；若遇雷電交作，風雨傾盆的晚上，便以膽怯爲名，公然同衾共枕。睡到半夜，床架格格地響起來，便實行其所謂「磨鏡」一幕了。

學校生活時代關於性的怪現象，我雖然心領神會，耳聞目擊，或也身試過不少。但這「磨鏡」的秘戲，愧我未曾一嘗其風味。至今，時代已過去，一輩子也不會有這種幸福了。

某年暑假，我伴姑母住在她未婚夫的花園中。園裡有三間洋式樓房，我和姑母住在中間一間，她的未婚夫住在右邊一間。前面有一條統長的陽臺，若把房間內靠陽臺的長窗打開，三間可以互相走通。夏天晚上，天氣炎熱，我們爲要招納好風，貪求涼快起見，總是開了長窗睡的。

有一次，我夜半夢醒，聽得隔壁——姑母未婚夫睡的一間，鐵床叮叮噹噹，震動很利害。我被這怪異的聲浪，鬧得睡不著，且爲好奇心所激動，便乘著月光，走到陽臺邊去窺探。這一看不打緊，只是使一個未有性交經驗的處女，驀然間覺得生殖器上麻疏疏、熱烘烘，幾乎站腳不住。原來姑母正在和她未婚夫興雲作雨，看他倆的神情，正是甜蜜酣暢的時候。這件事眞的奇怪而不可思議呢！我是一個未經世故的女子，在這個時候，見了這種情形，已經神魂顚倒，手足無所措。

倘使有個異性男子在這裡，恐怕要不顧貞操，不怕廉恥，不辨美醜，給他弄上這一弄了。若我是個已嫁的婦人，或是個年輕的寡婦，見了這件事情，不知要怎的難過而不能認呢？

嗣後，我找到幾本論生殖構造，及男女交合衛生論等關於性智識的書籍，視若帳中秘寶，愛不忍釋。可是這些未成熟的圖書，不但文字很惡劣，抑且說理也欠圓通。模糊影響，隱約依稀，雖欲徹底研究，無如撲朔迷離，按圖未必能索驥。

幼時，有個某某君，寄宿在我們家裡，我在未進中學之前，常和他廝混。那時，大家不過十三、四歲，所以食同桌，玩同地，像兄妹一般的親密。他戲呼我爲W，叫我喚他爲H，青梅竹馬，兩小無猜，有時情熱如夫婦，有時反目如仇敵。但衝突之後，不多幾時，又重修舊好。

自從我進了中學，他也搬到學校的寄宿舍去住。我寒暑假期回來的時候，還不忘舊情，常囑人傳遞書信。有一次，被家人覺察，我羞愧得無地自容，自此以後，不得不斬斷情絲，音訊隔絕。而家庭中的當局者，亦無形戒嚴。

我在十九歲時生了一場大病，幾至亡其生命。病癒後，父母照著男大當婚，女大當嫁的普通習慣，急於爲我擇配。我的父母，是新舊過渡時代中的調和折衷派人物，雖然不主張絕對的自由戀愛，也不主張極端的專制婚姻。他們的意見是先由男女公開社交，而互相觀察性情；次由發生戀愛，而實行結婚。但須經父母監督，並須得到父母同意後才得締結良緣。

這種主張，在過渡時代，可稱最穩健、最妥當，既不全憑父母之命、媒妁之言而來，子女爲盲目的、強迫的結合；也不聽任子女極端自由、絕對放任，而使子女浪漫的、衝動的結合。

當時，父親有個得意門生，暑假中住在我們家裡。父親的用意，是要我們互相接近，觀察各人的性情意志，是否臭味相投，可成百年佳偶。我們已受著一種暗示，心心相印，不言而喻。久而久之，由交談而接近而情熱，由情熱而欲圖肉體上的一試。

自然男子的情欲易露，色膽較大，他常常要摸我的乳，接我的吻，並且要探我的生殖器。有時自己解開了褲帶，叫我握他的生殖器。我握在手中，覺得又硬又熱，又驚又喜，心頭也很躍躍欲試。但我家往來的人多，並且監察得嚴，竟無適當的機會可以給我們從容一試，以圖一快。

有一次，我們兩人直立著，兩生殖器摩擦了一回。有一次，他叫我躺在小榻上，把生殖器塞在我的兩股間，亂撞了一回，不過一、二分鐘，他已經泄精了。有一次，好像插進了一些，但未曾衝破處女膜，所以不覺得痛楚，也不覺得舒服。這次，他依舊亂撞了一回，出了些精。如是幹了二、三次，也未見何快感。

我心目中以爲他是我的未婚夫，遲早是他的人了，所以任他玩弄。誰料後來因爲別一問題，竟至不能成其好事。我雖未至瓜破蒂落，但良心上總是留著一個深刻的瘡痕了。

二十歲的下半年，我和Ｅ君訂婚。訂婚後，我很希望他來，並且希望他住在我們家裡，豈知望穿秋水，而他竟姍姍來遲。我又常想到結婚時的風味，結婚後的甜蜜，這種預算式的想像，不但性衝動旺盛的我有之；恐怕一般將嫁未嫁的小姑，都有這種心理現象吧。

二十一歲的春天，我和Ｅ君結婚。第一夜，他就鼓動興趣，急不暇待的實施新婚夫婦應幹的事情，除照例摸乳、接吻外，他很老實的要求和我交媾。我到那時，不知怎的反有些害羞，不肯赤身露體的交給他玩弄。他也能夠體貼女子們的心理，並不勉強，就褪下了我的褲子，因陋就簡的小試其技，久而久之，終做了個門外漢。

直到第二夜，我脫去了褲子，張開了兩腿，才得直搗我的赤穴。我的生殖器官，已發育完全，瓜熟蒂落，水到渠成，所以並不覺得十分痛苦，但也不覺得十分愉快。直到一週以後，漸漸有些美感快意。

他的興趣非常濃厚，每夜必要交合幾次。自從我生了孩子後，性欲格外亢進，他被我激動鼓勵，自然也興高采烈，再接再厲。對於交合，益發進步，不但實力充足，技術高明，並且時間也很長久。

我們有時做「老漢推車」，有時做「倒澆蠟燭」。我覺得最適意、最痛快的，是我把雙腳高舉，及至他的肩頭；他用手捧著我的兩面臀部，我把陰戶張開而迎湊。他把生殖器直搗著我的子宮，拔得出，送得進，摩擦得緊湊。若時間能延長到二十分鐘至半點鐘以上，我的全身，竟至酸軟麻木似失知覺。這時，大約已泄了精，四肢疲乏，無力再戰了。

我對於性交的意見：男女雙方，當各為主動的、要求的，女子勿聽任男子橫睡倒眠，而絕不自主。男子要求性交時，當摸女子的乳，吻女子的嘴，撫摩女子的生殖器，以引動女子的性趣，而使女子也自覺其需要。倘女子要求性交時，也當親男子的頸，摩男子的股，弄男子的生殖器，以引起男子的性趣，而使男子也自覺其需要。夫如是，各能滿足其需要，而夫婦的愛情，足以維持而不替。

按語：

志霄女士的首尾兩段斷語，精闢扼要。說句極端的話：女子要要求和男子平等，當從性交上做起。不要使男子常居在上，女子常壓迫在下；不要使男子一丟精便了事，而不顧女子的滿足與否；當要求男子延長交合的時間，當要求男子變換交合的方式。要達到這樣的目的，女子當不顧羞恥，和男子實地試驗、研究、改良，而採用一雙方最滿足，最適意的方法。

我國青年男女，對於性智識實在太幼稚，於此我就把日本醫學博士羽太鋭治（註）的學說，介紹一下。

他說，男子的生殖器分爲內外兩部。外生殖器，可分：一、陰阜，在恥骨縫際的上部，稍隆起而生陰毛。二、陰莖，在陰阜的下部，突出的一個圓柱體，中通尿道。三、陰囊，在陰莖與會陰之間，擴張的一個囊狀體，中間含睪丸和副睪丸。四、睪丸，在陰囊內部的一對腺狀體，是生精蟲的。這睪丸本生在體內，而降在陰囊中的，故非眞的外生殖器。五、副睪丸，在陰囊內部的一對小腿體，和睪丸結合，輸精管由其末尾而出。

內生殖器，可分：一、輸精管，是和睪丸結合，而從副睪丸所出的一對小管，用以輸送精液。二、精囊，是由輸精管輸送精液，而蓄精的一對囊袋。三、射精管，是精囊內的精液，由尿道射出的一對管子。四、攝護腺，是一種液體分泌的腺狀體，此分泌液用以幫助精蟲活動。五、考潑耳氏腺，此腺共一對，由它的分泌液，潤滑尿道。

男子的生殖器中，眼睛最易看見的部分，就是陰莖和陰囊。陰囊中的兩個卵圓體，就是睪丸。睪丸的結締組織，被睪丸白膜所包，其一部分浸入實質，而成縱隔。這縱格所區分的小葉，成種種形狀的迂迴細精管，細管精互相吻合，和附近的小葉連絡，爲精蟲準備之處。

這細精管，約集合十二枝的輸出管，而出睪丸。在睪丸的後部，形成副睪丸。更在此迂迴而出副睪丸，遂成輸精管，用以輸出睪丸的分泌物。輸精管通鼠蹊管入腹腔，由此而至陰莖。陰莖中間，爲我人眼睛所易見的，即前方垂下的一部分，這是陰莖的前部，其後部爲陰囊及會陰的皮膚所被。

陰莖的最前端叫龜頭，小時，爲包皮所包。龜頭的前端有尿道口，此尿道貫通陰莖前部，和膀胱聯結，而爲排尿之用。陰莖的主要部，爲陰莖海綿體和尿道海綿體，這海綿體是很重要的東西，充滿多量的血液，因種種刺激，可使血液充實海綿體，而爲強度的勃起，以成性交的作用。

尿道的最後端，爲攝護腺所包圍，攝護腺爲由排泄管至尿道的開口。攝護腺的後部，膀胱的中間，有左右精囊二個，與輸精管射精管聯絡，而爲一排泄管。這排泄管爲尿道後部的開口，準備於睪丸，而將物質輸出外部。尿道的後部，有考潑耳氏腺，和排泄管同爲尿道的開口。其他爲精囊及尿道壁的開口，叫利之脫耳氏腺。

睪丸中有必要準備的繁殖分泌物，在性交、手淫、遺精、夢遺時，排泄於體外。這種睪丸的分泌物，爲黏液性的液體，用顯微鏡照之，可見無數的精蟲。這種精蟲，如通入在女性的生殖器中，那麼男性的細苞芽，和女性的卵細胞相融合而成爲受胎卵。

精蟲爲迂迴而生存在細精管壁上的東西。在幼年時代，種類極爲單純，待成長以後，發生數種細胞，其中的一種精液細胞，由性的成熟而增加，經種種變化而形成精蟲。睪丸不但是精蟲所由產生，尚有其他作用，就是所謂內分泌，在性欲上，也有重大的作用。精液向外部排出時，尚有其他成分混雜，攝護腺液爲其中重要之物；其他如考潑耳氏腺，輸精管的利之脫耳氏腺，也要和精液的分泌物混雜的。

女子的生殖器，也分爲內外兩部。外部生殖器，分爲：一、陰阜，是外生殖器的最上部，生有陰毛；隆起的部分，比男子顯著。二、大陰唇，是陰阜下方的一對厚皺襞，外面生有粗毛。三、小陰唇，是在大陰唇內側的一對薄皺襞，中間的孔，就是陰道口。四、前庭，爲陰道的上部，處於左右兩小陰唇間的部分。五、陰核，處於前庭上部的一個小突起物，其知覺很敏銳。六、陰道，是小陰唇間的裂孔，前方開於小陰唇，後方接於子宮；其間成爲管狀，用爲性交器，和胎兒的產道。七、巴爾脫令氏腺，是在陰道口的上部的一對腺。

内生殖器分爲：一、子宮，一個球狀體，是司卵子發育的部分。二、輸卵管，由子宮達於卵巢的一對管，用以送卵子入子宮的。三、卵巢，在輸卵管的一對腺體，用以生卵子的。

女子的生殖器中，外面則易見的，是兩個隆起物，就是所謂大陰唇。其中更有二個小皺襞，就是所謂小陰唇。小陰唇的內部，有兩個孔穴：上部的小孔爲尿道外口，下部的大孔爲陰道口。小陰唇上部的結合部分，便是陰核。陰核下面，有被黏膜的海綿質。靜脈叢兩側，就叫做前庭球；陰道口的兩側，稱爲巴爾脫令氏腺，這是和男子的考潑耳氏腺相對的。陰道口有處女膜，是由黏膜結成的一種薄膜。

陰道口之內，爲管狀之腔，休息的時候，前後的兩襞是相互接觸的。陰道的上端有一個口，爲子宮口。子宮的上部兩側，各有一個小孔，這入輸卵管。輸卵管是個細狀的管，存在子宮的外側，接於卵巢。卵巢和男子的睪丸相當，具有女子的胚種腺，內部有水胞狀的物質，這叫古拉夫氏胞。

古拉夫氏胞中，各有一個卵子。這種卵子在女子性成熟時（每四週成熟一次），通入輸卵管而達子宮；若遇男子的精蟲而受胎，或因此而變成胎兒，否則殘留於此，或排出於子宮之外。卵子在子宮內如在卵巢中相同，又四週而起重要的作用，集中多量的精液，由子宮內滲出，由此經過陰道而排出於體外，這便是所謂月經。卵子受胎後，入於妊娠的狀態，普通月經停止。

於此，我們應該大聲疾呼，要求大學、中學的課程中，加授性的教育。不但生理學中要徹底研究性器官、性衛生，並且要赤裸裸的研究正當的性交，使青年男女，有充分的性智識。優生強種，造端於此，倘不取公開研究的態度，鮮有不走到盲目嘗試的危險境地。

負有教育青年責任的先生們，不要再戴假面具去自欺欺人了！

註：日本醫學博士羽太銳治，著有不少關於性的著作，其中一九一五年出版的《性欲教育之研究》在一九二三年曾在中國翻譯出版。

佳境——我們的性交經歷

◎淪殿

我是一個結婚不上一年的少年，對於性交的程度，當然還是在小學校未畢業時代，幼稚得極。但爲好奇心所驅使，且爲欲圖雙方快樂起見，卻也費了些研究的工夫、嘗試的精神，得到一些淺薄的經驗。今爲公開討論故，特把我的性交經歷，很忠實的寫了出來，請求富有性智識、性興味的先生們，加以批評、賜教！

我的妻子，是純係舊時代的人物，未受新潮流的洗禮，只懂三從四德的舊禮教，不知社交戀愛等等的新思想，所以姿容很有餘，風情未免不足，因此頗有幾分不合我的脾胃。常常聽得人家說：上海的大姑娘，沒有一個是處女。我妻卻是個例外，非但是個處女，簡直不懂得交媾是甚麼一回事。這眞奇怪極了，也可算得難能可貴了。

原來她是舊家庭中的閨女，平日足不出戶，父訓既嚴，母教又肅，耳不聞淫聲，目不睹邪色，雖然生長在上海，從未涉足於遊戲場所。所讀的書，不是烈女傳，便是女孝經。你想，這樣的朝薰夕染，耳提面命，怎不教她成個女道學、女聖人嗎？

我是個很浪漫的人，妻子不在乎處女不處女，只要滿足我的性欲，便是賢母良妻。否則縱有詠絮之才、傾城之貌，也非我的佳偶。可是我對於那位女道學、女聖人，實在有些厭惡，和她說一句調情的話，她就滿面通紅，走也開去。夜間交媾時，她雖然也曲委承當，只是察她的意思，都是帶著勉強，有無可奈何的光景；但見其苦，不見其樂。

不要說「隔牆取火」、「倒澆蠟燭」……不肯試驗；就是要抬她兩腳上肩，也要費九牛二虎、拔山舉鼎之力。至於快活上頭，休說不肯叫死叫活、助我聲威，就是要求她叫幾聲親哥哥、好哥哥，也像啞子一般不肯答應。像這樣一個女子，一毫沒有生動之趣，宛如泥塑木雕睡在身邊，有何樂趣呢？唉！性的煩惱，是人生最疲苦的事！

這樣過了四、五個月，我無所施其技，也想不出訓練她的方法。一天，我走到四馬路，耳根邊猛聽得一聲：「春宮要嗎？」我回頭見一個笑容滿面的馬路癟三對我點頭。我心上忽然覺悟了，以爲這個倒可做我的敲門磚，何妨一試呢！於是我便也對他打了個招呼，兩個人心領神會，一同走到了衖堂裡的小客棧中。

我花了四角小洋，買了十二幅比較滿意的春畫。我的意思，是拿回去放在臥室之中，好和她一同翻看，使知男女交媾之事，是應該公開；男女交媾之法，也不止一端，其中有千變萬化，生發出來，以備閨房之樂。（馬路上買的春畫，雖然有許多不近人情、不合方式、不知所云的。但也有些入情入理，維妙維肖，足以做範本的，正不可一筆抹煞呢？）

我回到了家裡，把這十二幅春宮，放在她梳妝檯的抽屜中，希望她自動的翻看，藉以引動她的性興味。過了三天，不見動靜。一天午後，丫環僕婦都到外面去了，我乘這機會，就邀她一同閱看。

起初，她只是拒絕，那裡肯看。後來經我再三申說，說甚麼交媾是開天闢地以來第一件正經事，詳細知道了這種道理，才好受胎懷孕，生男育女，傳宗接代……她才有些醒悟。又經我一番抱摟接吻，撫摩玩弄等等肉體上的感覺，她兩腮之上，紅暈潮生；眉目之間，騷態漸露。我便坐在椅中，扯她坐在膝上，翻開春宮，一幅一幅的指與她看。

第一幅是「縱蝶尋芳」的姿勢：一女子坐在太湖石上，兩腿分開；男子把陰莖插入陰戶，左衝右突，以探花心。這時，初上陽臺，未逢佳境，所以眉眼開張，和尋常面目，似無不同。

第二幅是「教蜂釀蜜」的姿勢：一女子仰臥在錦褥之上，兩手著實，兩股懸空，以迎陰莖，使男子識花心所在，不致無的放矢。這時女子的神情，近於飢渴；男子的面目，似乎張皇。

第三幅是「迷鳥歸林」的姿勢：一女子倚眠繡榻之上，雙足朝天，以兩手扳住男子兩股，使他往下直搗，似乎已入佳境，又恐復迷；兩下神情勃勃，正在工力悉敵的時候。

我一面指示她看，一面摸她的乳，接她的吻，探她的陰戶，覺得濕津津地，看她神氣似乎有些支持不住了。我又指她看下面：

第四幅是「餓馬奔槽」的姿勢：一個女子正眠榻上，兩手探抱男子，有如束縛之形；男子以肩承其雙足，陰莖盡入陰戶中，不留纖毫餘地。這時男女二人，遂在將丟未丟的時候，眼欲閉而尚睜，舌將收而微縮，兩種面目，一樣神情。

第五幅是「雙龍門倦」的姿勢：一女子的頭，倚在枕側，兩手伏貼，其軟如綿；男子的頭部，入倚於婦人頸側，渾身伏貼，也軟如絲。是已丟之後，香魂欲去，好夢將來，動極返靜之狀。

她看到此處，不覺淫興大發，矜持不住。我道：「我和妳不消上床，就把這椅子，當了假山石，照第一幅春宮摹擬一番何如？」她故意惱怒，說道：「這不是人幹的事。」我道：「果然不是人幹的事，乃神仙幹的事，我和妳就做一回神仙吧。」說罷，就伸手去解她的褲帶，她口雖不允，心卻允了。一手搭在我肩上，也不去阻當。

我把她褲子脫下，只見褲襠之中，已濕了一塊。我把自己褲子也脫了，扯她坐在椅子上，兩腳分開，將陰莖直插進去。然後脫了她的上衣，又脫我的上衣，不留一絲，使清白肌肉，互相欣賞。於是大振旗槍，把她兩腳分開，搭在椅子靠手上，挺起陰莖，左衝右突，也像第一幅春宮蝶尋花心的光景。

抽拔了一回，她把兩手伸直，抵住了椅子，漸漸把陰戶湊上來迎接陰莖。陰莖往左，她也以左承之；陰莖往右，她也以右承之。忽然抵著一處，覺得裡面有些不同，似酸非酸，似癢非癢，使人當不得，又使人離不得的光景。她道：「你就在這處抽拔罷，不要左衝右突了。」我知道花心已得，就依她的話，併力只攻一處。由淺而深，由慢而急抽了幾百下，又見她兩手圍住我的兩股直搗，不知她從那裡來的好氣力。

起先一幕，是有意摹倣春宮，現在卻無心暗合，不其然而然，連春宮上的神情都相像了。我就把她雙足提起，放在肩上，以兩手抱住纖腰，盡根直抵。這時覺得陰莖很粗大，塞滿在陰戶中，不見有一些空隙，又抽了數百抽，只見她星眼將矇，雲環欲墮，好像要睡著的光景。

我想這時候，她已疲倦得極。便道：「這椅子上難爲妳，到床上去完了事罷。」她步在要緊關口，恐怕走上床去，未免要拔出陰莖來，把快活事打斷了；況且這時手腳軟弱，動彈不得，要走也走不上床。所以她聽了我這句話，只是搖頭不應。

我早已猜透了她的心事，便道：「妳莫非走不動嗎？我抱妳上去就是。」於是緊緊抱著纖腰，她口裡含了我的舌頭，陰戶中插了我的陰莖，一壁行走，一腰抽送，做個走馬看花的姿勢。

到了床邊，把她放倒，打橫睡著，取枕頭襯在腰間，豎起雙腳，從頭住起。再抽百餘抽，她忽然叫起來道：「哥哥！我要不得了。」只說了這一句話，她把手緊緊摟住我，再也不聲響了。我也哼哼嗄嗄，要絕命的一般，一會兒，精已出，把陰莖頂住花心，兩腳騰空，用手一揉，也陪她死了。

只因這一次被我訓練以後，我們夫婦二人的感情，漸漸相投，恩愛異常。她在交媾的時候，也不行中庸之道，單喜標新取異。蠟燭也肯倒澆，隔山也容取火，並且腰下必定要墊東西，才得直搗花心，而痛快酣暢。至於助興的騷聲淫態，也漸漸內行了。這時，我才感覺到所謂閨房之樂也。至此，我的性史，告一段落。

我寫到此處，心頭躍躍，情不能自持。況且已在黃昏時候，月上柳梢頭，她在床橫頭，我欲不敦倫，不但對不起梢頭的月、床頭的她，並且也對不起我的祖宗。

按語：

善料敵者，才能用兵；交媾亦猶是耳。男子要曉得婦人陰户的深淺，女子要知道男子陽具的長短，才識送迎，這叫做知己知彼，百戰百勝。男子的陽具，長短不同；女子的陰户，深淺不一。陰户生得淺，就是有極長的陽具，也無所用之；當抽送時，就要有些有餘不盡之意；若盡根到底，則女子不但不樂，且感痛苦，男子也未必獨樂。若陰户生得深的，就要用著極長的陽具了；略短些的，也不快活。

只是陽具的長短，係生理上的關係，怎能用人工使它長起來，這個不得不用補救的方法。墊腰，就是一個最好的方法，使陰户高張，以就陽具，那麼抽送時易於到底。故墊腰，是陽短陰深的時候才可用，不是說枕頭這件東西，爲行房必需之物。

女子性興味不充足的原因，大概受了後天的壓迫、環境的影響，或者生殖器官有缺陷，使天賦的本能逐漸退化。男子如得到這種配偶，當設法以恢復其性興味，助長其性興味。看春宮固然是一種方法，最好是在枕上教她看有價值的性教育的書，或講性交的方法，繪影繪聲，維妙維肖，雖然頑石，也必點頭。同時，又須摸乳、接吻、撫臀、探陰，待興味來時再行交媾。這樣，必可酣暢淋漓，雙方滿意。

附錄

談《性史》第一集

張競生

語云，少見多怪。《性史》第一集出版後，居然風行一時，有一般人說是淫書，有一般人說是性教育，就我個人的觀察則以爲皆是而皆非也。它不是淫書，因爲本書目的乃在給人一些性學大綱，而使人利用科學方法以便達到最大的性趣。

大膽說一句：我教人怎樣就能使女子出「第三種水」的方法，於我人交媾上起了一個大革命與戀愛上成了一個大建設，這就是我的大功勞。可是，江平那篇性史寫得太動人，難免血氣未定者看後就大衝動特衝動起來，故說它不是淫書也未免爲過於強辯些。不過這本是「新淫書」，不是舊淫書就是了，新淫書的淫字，如上新淫義所說，其所以與「舊淫義」不同處，就在它的功大於過，這又是我的小功勞。

自《性史》出後，贊成與反對者各有其人。贊成者不過些青年在言論界上搖旗助勢，或在學界上聲應氣求，但終不能敵過反對者的勢力；反對者大多是一般老人物，執有社會相當的權力。

今先說北京的巡警總監吧，報上載過我被拿辦，實在並無其事。彼不過派幾個便衣偵探，在各書攤用口頭問賣書者，說這本書是淫書不可售賣至干不便。究竟，當本年（一九二六年）五、六月時的北京當局尚是文明，極講法律，不但我個人保住自由，就連一點公文也未嘗顧臨敝宅，檢察廳完全無檢舉，報紙也無多大議論。惟有日本人開的《順天時報》大造其謠，說我怕拿已偷走出京，又說法庭擬起訴了。這個外國造謠機關的影響甚大，居然有上海報駐京通訊員照話打電到上海來，於是不才竟僥倖得了性學專家的榮銜了。這些北京事說起來甚覺枯燥，我擬在後頭談我在廣東及上海所得到的較有趣的史料。

原載於上海《新文化》創刊號（一九二七年一月出版）

一本書與一個人的命運
——《性史》及張競生的悲歌

張超

性本無史。

性，原是生物的一種本能。只有人類的性賦予文化的內涵，爲之立史才有道理。可是中國歷來頗多怪事：有些事可以做，但不許說；即使可談，也不能寫。天天有數以億計的人在做的性事就是不能見諸文字，上世紀二、三十年代的中國尤其如此。膽敢爲性作史的張競生，因此身敗名裂，終生蒙垢，也就不足爲奇了……

作爲北京大學哲學系教授的張競生博士，從哲學家的角度關注和研究社會問題，性教育和節制生育僅是他選取的課題之一。他原想通過社會調查，選取一些比較典型的性現象和性經歷，供社會學家和性學家分析研究之用，乃於一九二六年寒在《京報副刊》上刊出徵文啓事，應徵來稿頗爲踴躍，他選出七篇，加以科學性按語，結集出版，名爲《性史》第一集，那只是一本三十二開七萬餘字的小冊子。

沒想到首集一出，即掀起軒然大波，封建衛道士們氣急敗壞，直斥爲淫書，冠以「賣春博士」惡名，痛加撻伐。一些陋俗的人則從另一角度欣賞其內容，以滿足變態的窺私欲。更沒想到奸商市儈看到有機可乘，大量泡製粗俗的淫書，贗名《性史》陸續出至廿餘集，筆者一九八〇年代在香港舊書店，仍發現有第十八集者。似此折騰，縱有百口也莫辯矣，他只好將已製好版之次集銷毀。

但事件並未了結，厄運從此與他如影隨形。

他在北大撰寫《美的人生觀》和《美的社會組織法》，鼓吹美的人生觀，雖獲好評，但難掩因編《性史》惹來的鋪天蓋地的罵名，以至假期攜眷到杭州旅遊被當局以誨淫罪名拘押，幸得張繼保釋，並被逐出境。由此可見其聲名狼藉，人們總是以異樣眼光視之。一九二七年春，張作霖入關，捕殺李大釗，他適在外地，得免於難，乃南下上海，另謀發展。

他與友人合作開辦《美的書店》，創辦《新文化》月刊，翻譯出版性學家藹理士的性科學叢書和「美的叢書」，致力於科學性教育的宣傳。他提出有些女性性高潮時溢出「陰精」是「第三種水」的假設，曾被目爲胡說八道，直到四十餘年後的一九六〇年代始爲外國學者證實確有其「水」。他還首創招請女店員售書，在上海灘其人其事搞得沸沸揚揚，但營業額倒是蒸蒸日上。他是一介書生，不懂經營之道，爲同行傾軋，彼等勾結警方，以售賣黃色書刊爲名屢次查抄罰款，致不久便倒閉。《新文化》月刊是中國首份宣傳性教育和性知識的刊物，可惜只出了五期便夭折了。

此後更是每況愈下，在國內頗難立足，乃再度去國，在巴黎潛心翻譯盧梭《懺悔錄》

等世界名著。一九三〇年代中期返粵，未幾又被仇讎羅織罪名通緝，再度亡命海外。每次都藉編《性史》之惡名以入罪。

迨至抗戰軍興，廣州淪陷前夕，攜婦挈雛回饒平故里避難。一時幾與外界隔絕，但報國之心未泯，躬耕壟畝同時熱心興學育才，度過較長時間相對平靜的田園生活。

大陸易幟後，當然被列爲「思想改造」對象。他自己雖適時離開鄉間，倖免在時代劇變的血火中滅頂，但留在閭里的愛妻未幾即死於非命，他幾痛不欲生，從此孤獨鰥居。

天人共怨的「文革」爆發，他更是在劫難逃，新老一大堆「帽子」扣諸頭上。雖年已近八旬，步履蹇澀，仍被戴高帽、掛黑牌、遊街批鬥及強迫勞動，受盡凌辱，復關進牛棚。「牛鬼蛇神」均席地而臥，跳蚤肆虐，蚊聲如雷。室置一糞桶，便溺均在其中，從無「放風」，比正式監倉尤爲惡劣。每天除接受批鬥外，還要誦念「最高指示」若干則，至「晚請罪」時不能背誦便要受皮肉之苦。

如此折磨經年，已是似鬼非人，身心俱已不支，更被發配至窮山惡水荒僻之地，置於正式之牛寮。此時病篤乏醫，孑然一身，孤淒窘迫，形銷骨瘦，呼天不應，夜闌時腦溢血遽逝，翌日午始爲人知。村民憐之，以薄棺草草葬於山溪之陽，巒丘之陰。時爲一九七〇年仲夏。

斯人已逝，污水仍照頭潑下。地區報紙以慣用之文革語言發布短訊曰：「無恥文人死了」，妄圖從此蓋棺論定。其禍尚延及子嗣，歷次「政治運動」多難倖免。然而天日昭昭，一九八四年，當局爲其剔除誣蔑不實之詞，恢復名譽，遺骸始歸葬家山。

時人感慨曰：一代奇人，成也《性史》，敗也《性史》，誰與評說？

第一集的七位作者均是大學生，也有人爲此而遭禍者。最精彩那篇《初次的性交》作者江平，本姓金，曾留法，是極有才華的翻譯家兼作家，譯著頗豐。一九五七年「反右運動」，翻出陳年老賬，加上講過一些眞話，被炒成一碟，打成「右派分子」，飽受廿二年折磨，至一九七九年「摘帽」，已耗盡元氣，不久便含恨謝世了。其他作者，因已銷聲匿跡，終生諱莫如深，倖免罹難。

這本小冊子，一九三〇年前後被譯成日文出版，頗獲好評，認爲是中國第一本極有價值之《性史》。但它帶給編者的卻是伴身的謾罵、曲解、孤寂、貧窘……以至家破人亡。

無知和性禁錮，造成許多人間悲劇，個人的悲劇容易落幕，但時代的悲劇就不是那麼容易結束了！

張超寫於二〇〇五年二月

（張超爲張競生之子）

爲創造生命負責

周彥文

節育優生，現在已成爲人們的共識。

然而，廿世紀初對此有明確認識的人卻寥寥無幾。

一九二〇，珠江畔走來一位留學法國歸來的青年。他風塵僕僕地找到廣東省省長兼督軍陳炯明，遞上他寫的一份報告。報告認爲中國人口多（四億），質量低。因此，應當實行節育優生，提高人口素質，並首先從廣東實行。

本世紀中國的歷史和十二億人口的現狀，充分證明這份報告價値連城的分量。

可是，陳炯明一頁報告也沒看完，就將它扔到廢紙簍中，還罵報告人張競生是「神經病」。

張競生並沒有被封建勢力嚇退，繼續深入研究。一九二四年他在北京大學當哲學教授時，在《美的人生觀》講義中提出「美的性育」。翌年在自己編撰的《性史》中提出女子在性交時出「第三種水」的假說。他認爲女子出第三種水時受孕所生的孩子聰明健康。

張認爲第一種水是陰核內排出的液體；第二種水爲陰道內分泌的液體；第三種水即

「巴多淋液」，是陰道口排出的液體（中國古典小說稱爲淫水）。前兩種水在一般性交時即可有，而第三種水非得女子領略極度的性興奮和性快感時才能排出，且如男子射精一樣的遠擊。第三種水排出時，女子全部身心被調動起來，這時出現的卵子新鮮優質，第三種水還可減少陰道內不利於精子存活的質液，故受孕是最佳的。由此，張競生第一反對沒有情愛的性生活，因爲這種情況下女子決不會出第三種水。第二反對低質量的性生活，反對頻繁性交，青年夫妻平時要分床或分室而居。在張看來，女子出第三種水也是優生的需要，最健康的孩子誕生於最幸福的母親。

張認爲出第三種水，表明女子和男子都得到極大的性快感和性滿足，故男子不會另找新歡或嫖娼，而女子的身心也可有健康愉快的發展。張認爲中國的一些姑娘爲什麼婚後即紅顏凋殘，與性交中出不了第三種水有關。這種得不到性滿足的女子往往暴戾凶殘、陰險惡毒，就如武則天、慈禧一樣。

張的這些觀點在當時遭到許多人的譏諷和嘲弄。許多人不叫他哲學博士，而叫他「賣春博士」。一九二六年他在上海與朋友開書店，有些人就問他的女店員「有沒有出第三種水」。一九二九年他到杭州，有人認爲他有傷風化，毒害青年，要拘捕他。當然，也有人高喊著「第三種水萬歲」歡迎他。

顯然，張競生對計畫生育不是孤立研究，而是將其與婚姻制度、性科學和愛情觀當作系統工程來研究的。一九二三年四月二十九日，他在《晨報副刊》上發表文章，發起了中國歷史上關於愛情觀的第一次大討論。他在許多文章中抨擊封建婚姻制度和封建主義的性觀念，認爲這是導致中國人口增長率過高和人口素質低下的重要原因。

關於「第三種水」的研究，從廿世紀下半葉開始才受到國際上重視。一九五八年發明並改進宮內節育器的德國著名婦科專家格萊芬堡，發表了關於這一問題的論文。萊德斯出版了關於這一問題的專著《格氏點》（註）。這說明張競生的研究富有科學遠見，是一個了不起的發現。

《魯迅全集》中關於張競生有一條注解。魯迅專門有文章談到張競生，還在與許廣平的《兩地書》中說張競生的有些觀點過於超前，要到二十五世紀才能實現。在廿世紀即將結束時，我們回顧他的學說，感到他的難能可貴。而他當時既不見容於鄉黨，復不見容於社會，原因即在於科學和封建專制是水火不容的。就像盧梭說過的：「毀譽原無一定的。凡大思想家多受詆於當時，而獲值於後世者。」

一九九八年五月寫於廣州員村

（周彥文爲《張競生文選》一書的策畫與編輯）

註：格氏點，也就是G點，爲德國婦產科醫師Ernest Grafenberg所發現，並以他的姓氏命名爲「Grafenberg Spot」，簡稱G點。

國家圖書館出版品預行編目資料

性史1926／張競生編著：
——初版——台北市：大辣出版：大塊文化發行，
2005〔民94〕
面；　公分——（dala sex；5）

ISBN 986-81177-0-4（平裝）

1. 性－中國－歷史

544.7092　　　94007394

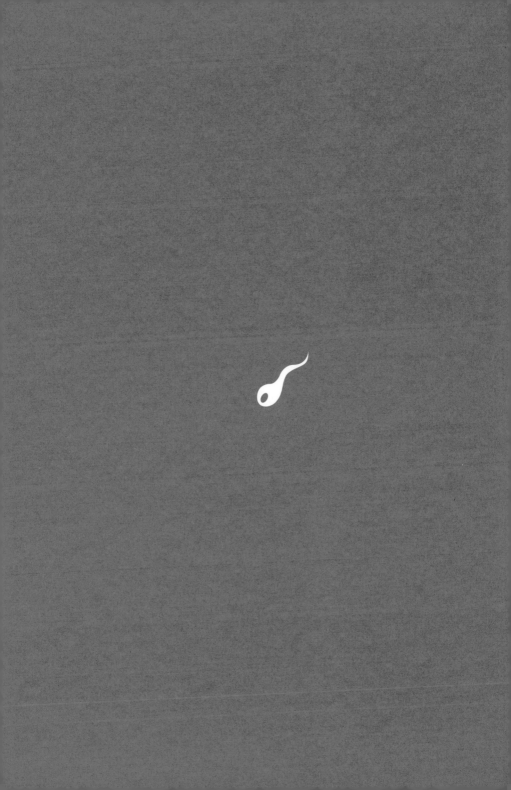

not only passion